U0152756

第八集

主　编　徐　俊

执行主编　严晓星

图书在版编目（CIP）数据

掌故.第8集/徐俊主编;严晓星执行主编.—北京:中华书局,
2021.7
ISBN 978-7-101-15254-8

Ⅰ.掌…　Ⅱ.①徐…②严…　Ⅲ.中国历史-掌故　Ⅳ.K206.6

中国版本图书馆 CIP 数据核字（2021）第 121782 号

书　　名	掌　故（第八集）
主　　编	徐　俊
执行主编	严晓星
责任编辑	李世文
出版发行	中华书局
	（北京市丰台区太平桥西里 38 号　100073）
	http://www.zhbc.com.cn
	E-mail:zhbc@zhbc.com.cn
印　　刷	北京市白帆印务有限公司
版　　次	2021 年 7 月北京第 1 版
	2021 年 7 月北京第 1 次印刷
规　　格	开本/850×1168 毫米　1/32
	印张 8½　插页 2　字数 150 千字
印　　数	1-6600 册
国际书号	ISBN 978-7-101-15254-8
定　　价	56.00 元

掌故

顾　问　锺叔河　董　桥　陈子善　赵　珩　白谦慎
主　编　徐　俊　**执行主编**　严晓星
第八集
责任编辑　李世文　**统　筹**　李世文
装帧设计　刘　丽　丰　雷
电子信箱　zhangguzazhi@126.com

目录

夫子自道多以慧眼识宝而自矜，晚年穷途末路之时，唯一探望之人却是厂友马宝山，其人生可谓时时处处在矛盾之中。

不料最终却落个撤去官职、赔偿田产的结局；怨愤之下，弃家出走，祝发为僧，传讯家中，妄称猝死，毋须寻踪……

127 造访名教授印象记 / 华人德

裘锡圭先生把我领到楼梯下一个小房间里，里面仅可放下一张单人床、一张小方桌和一把椅子，桌子上堆满了书和卡片，卡片都是用白纸裁的，椅子上也放着书和卡片。他把椅子上的书和卡片放到床上，让我坐……

136 相知无远近 交情老更亲——唐长孺与谷川道雄的交往与友谊 / 李文澜

谷川道雄先生曾回忆，上世纪50年代，日中两国尚未恢复邦交，他有幸读到唐长孺先生的《魏晋南北朝史论丛》，"产生了一种十分亲密之感，而这是从其他中国学者的著作那里感受不到的"。

159 记钱锺书与饶宗颐往来通函 / 沈建华

饶公特意给我解释"抠衣"时，他一边拽着自己的领带、雪白衬衣，一边用他瘦小的身子猫着腰走步示意，这个滑稽动作使我忍不住大笑起来。

167 "千秋冷落龙州月"——郑孝胥与孟森（上）/ 谭苦盦

此时的郑孝胥虽已卸去"满洲国国务总理大臣"之职，但因与日本人先后签署多个非法协定，鬻卖利权，博取荣贵，被胡嗣瑗骂作"乱臣贼子，人人得而诛之"，坊间更有"已经不在人类里头算账"之讽，故而"海藏尚为其诗集自沈阳来书乞为序，此是最难着笔之文字"。

充和老师的家

白谦慎

2020年6月18日，是张充和老师逝世五周年的祭日。五年来，她的音容笑貌时常浮现在眼前，但要写一篇纪念她的文章，却又不容易下笔。左思右想，还是围绕着她的家，将一些零零碎碎、点点滴滴的记忆，拾缀成文，寄托思念。这里说的"家"，不是指她的家庭，而是谈她居住的房子，以及她在其中的一些活动。

一

1949年，充和老师随傅汉思先生到了美国。汉思先生在斯坦福大学工作，充和老师则在加州大学伯克莱分校东亚图书馆工作。十多年前，我曾到这个图书馆查资料，看到很多古籍函套上的题签，还是老师当年的手迹。1961年，傅汉思先生被耶鲁大学东亚系聘为教授，全家就从加州搬

1

到了美国东部的康涅狄格州。此后，充和老师一直在耶鲁大学的美术学院教书法，直至1985年退休。1965年，威斯康辛大学麦迪生分校曾经邀请充和老师去讲习昆曲。也就是说，她曾经在美国的三所大学工作过。百度词条说，她曾经在哈佛大学等二十馀所大学教过书，并不是很准确。其实，她在很多大学（包括哈佛大学）表演过昆曲，并没有任教。

耶鲁大学所在的城市叫New Haven（纽黑文），中文又译作新港。我认识充和老师的时候，她住在与新港接邻的North Haven，亦即北港。由于新港是一个人们更加熟悉的城市，她本人又曾在耶鲁大学美术学院教书，她在书法落款中，常常会写"书于美东新港"。我住在波士顿附近的小镇牛顿（Newton），属于大波士顿区，我在书法的落款中，常常会写"书于波士顿"，也是同理。

在美国当文科教授，生活没有问题，却谈不上富裕。汉思先生是耶鲁大学的正教授，收入也谈不上很高。充和老师在耶鲁大学美术学院教书法，不是全职教授，收入也不会高。所以，他们的房子既不大，也不奢华，就是普通中产阶级的住房。我曾在网上读到一篇文章，说充和老师的日子清苦，为了接济生活，她把自己收藏的一套石鼓墨卖掉了。充和老师刚到美国的时候，经济确实比较紧张。但是，如果她只有一套石鼓墨的话，这套墨却是很晚才卖的，记得是卖给一个在日本的收藏家，那时，她的日子并不艰苦。无论是在耶鲁读书时，还是毕业后带学生去拜访老师，我都曾上手把玩过这套墨。所以，坊间不少关于老师的传闻，并不可靠。

充和老师的房子共有三层。一进门，对着门的是楼梯，右侧的墙壁上挂着她1948年在颐和园画的青绿山水条幅。一楼是客厅、餐厅、厨房，厨房外面有阳台。二楼好像有三间卧室，都不大，好像还有一个小办公室。二楼有一些书架，放着傅汉思先生和充和老师的书。我大概只在二楼逗留过两三次。其中一次是她找不到放自己书法的一个小纸盒，因为我曾多次请她把小纸盒拿给我看，她那时腿脚已经不利落，叫我到二楼帮她找。

三楼是阁楼，那却是我经常去的地方。阁楼有两张床，另有单独的厕所，有朋友来，如过夜，也可以睡在阁楼。1997年，我到波士顿大学教书。大约每三四个月会去看她一次，开车单程差不多要两个多小时，

楼梯旁的张充和
青绿山水（1948年）

3

我一般都是早晨去，下午回家。如果要办的事比较多，我就在耶鲁大学戏剧学院的王如骏兄家过夜，从未在充和老师家留宿过。如骏兄的专业虽然是舞台美术，但是喜爱书法，经我介绍，也向充和老师请教书法。如果当天往返的话，开车接近五小时。我晚上容易失眠，下午会犯困，在高速公路上开车就不太安全。所以，我通常会在午饭后，在阁楼上睡个午觉，然后开车回家。阁楼很安静，我在那里午休，即使楼下有访客，也不会受到打扰。阁楼也有一些书架，放着充和老师的一些书。她年纪大了以后，我曾向她要过一些书，其中一本是卞之琳先生上世纪40年代出版的《十年诗草》，封面是充和老师题的签。扉页没有签名，只有用红圆珠笔画的一个小圆圈。谁画的，不得而知；寓意为何，也不知。

二

　　客厅在一进门的左边，大概有二十平方米左右。客厅有窗的那面，对着街道。客厅里面放着两个长沙发和两个单人沙发，长沙发前有茶几。临街窗口的沙发左侧靠墙的地方，有一个小书架，上面放着一些她经常翻阅的书，有昆曲的书，也有书画图册，也有一些她正在读的文史书和朋友们新送的书。

　　客厅的墙壁上挂着一些照片或书画。进客厅的门把一

张充和与白谦慎坐在临街那个窗子前的沙发上，2008年

张充和与章琰在临街的沙发上欣赏张充和收藏的书法，约2004年

面墙壁隔成两段，靠窗的那段宽度大概一米左右，常挂着照片：挂过目前人们常能见到的她在昆明坐在蒲团上的那张照片；也挂过她和傅汉思先生1947年在北平恋爱时拍的照片。有时候也会挂一些书画：譬如说沈尹默先生1949年在她离开中国前送给她的一幅字；也挂过黄永玉先生送她的一张画，画的是水鸟。黄永玉先生因为是沈从文先生的表侄，所以他写的上款是"充和四姑"。

连着门的另一段墙约宽三米，也挂过一些画。譬如说原台北故宫博物院副院长李霖灿先生为她画的兰竹。不过，挂的时间最长的，是晚明苏州画家孙枝的山水册页，画风淡雅，对题是张凤翼的诗。孙枝是文徵明的追随者，存世作品很少，甚是珍贵。这套册页后来转让给耶鲁大学美术馆了。

客厅内的壁炉正对着临街的窗子，上面有两米左右的墙，常年挂着中央美院刘焕章教授画的向日葵，很有装饰性。刘教授是沈从文先生的侄女婿，沈先生在画的四周密密麻麻地题满了字。

在壁炉的左侧，有个柜子，柜子里面放着她的一些昆曲谱，还有一些录音带。壁炉右侧有个小书架，上面有两个大活页夹，里面有不少师友写给她的信，如钱穆先生、朱光潜先生、梅贻琦先生、俞平伯先生等写给她的信，有毛笔的，也有钢笔的，所谈多为艺术与学术交往，不涉及个人隐私。大概在异国，她翻阅这些信件，可以寄托对远

这张照片张充和常挂在墙上（柯尚按原照片翻拍）

张充和和傅汉思在北平，1947年

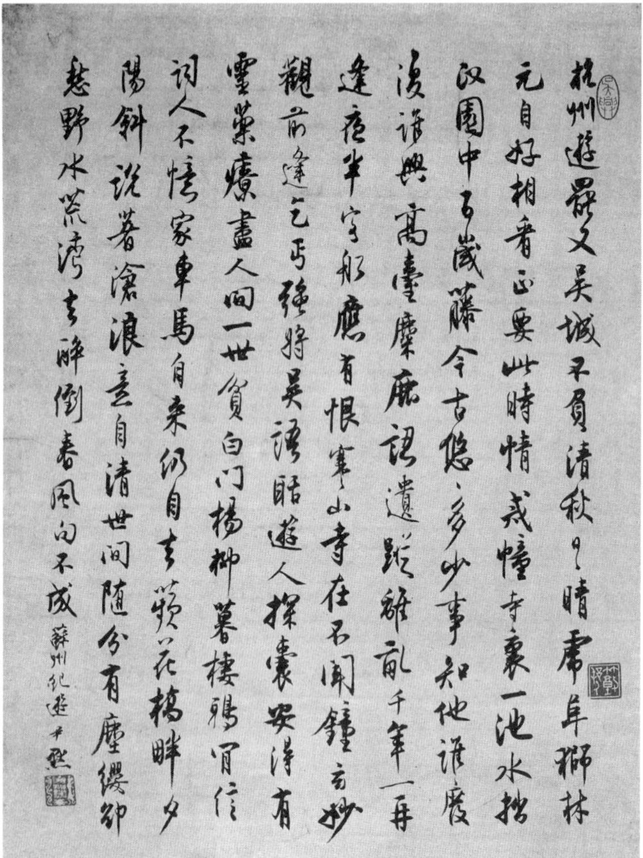

曾挂在客厅里的沈尹默先生书法，这是1949年师生最后一次见面的礼物

客厅壁炉上方挂的刘焕章
先生的画,上面有沈从文
先生很多题跋

方的师友的怀念;如有访客与她有共同的友人,也可以拿给他们看,共话往事。活页夹中,没有沈尹默先生写给她的信,她把沈先生写给她的信和字收在一起,放在二楼了。她应该是把这些信也作为书法作品珍藏了,因为写得实在精彩。

连着客厅的是一个不足十平方米的阳光屋,从客厅推开带有玻璃格子的门就能进去。里面有一架钢琴,听说是荷兰女王送给傅汉思家的。傅汉思是德裔犹太人,出生在一个学术世家,父亲和舅舅都是欧洲研究西方古代文化的泰斗。上世纪30年代，德国犹太人遭到迫害，舅舅去了英国，执教牛津大学，傅汉思随父母来到了美国，父亲在斯坦福大学任教。这架钢琴就一起带来了。傅汉思先生弹得一手好钢琴，充和老师擅长撅笛，听说他们合奏过，只是我从来没有听过。德国人对音乐的热爱世人皆知，傅汉思先生遇到了精通昆曲和音律的充和老师，可谓遇到了知音。《张充和诗文集》里有篇短文，专门写箫。充和老师从童年时就会吹箫，她还练过小提琴和其他乐器。她有两个弟弟是从事音乐工作的，一个是著名的作曲家，另一个原来是中央乐团的指挥，后来移民到欧洲去了，仍然从事音

2007年张充和与老友朱继荣先生。透过玻璃门，可以见到阳光屋里的钢琴

乐工作。她的祖上是官宦，父亲是教育家，到了她这一代，有做科学家的，做音乐的，做教育的，做文字工作的。

小屋子里面还有一个锻炼用的走步机。充和老师曾向我提起，傅汉思先生原来每天都起得很早，大概四点多钟，一边在走步机上锻炼，一边读书，过着严谨自律的生活。他会十几种语言，能读能说能写的有九种。傅汉思先生去世后，我曾向老师要了一些傅先生旧藏的中文书籍，有些书上有他的批注，可见读书之细心。

小屋子里还有两个矮矮的小书架，放着充和老师的字帖。上世纪60年代，日本学者邀请傅汉思先生访日讲学，充和老师随访。她在日本买了二玄社出版的《书迹名品丛刊》，共二百多册，充和老师就拿它们作为临习书法的范本。大约在2011年左右，她年纪大了，已经不能像过去那样每天临帖了，她留了几本平时经常临的字帖，其他的都送给我了。

有访客来，充和老师通常都在客厅和他们谈话。茶几上放着一册开本挺大的签名留言簿，人们去她家，不管是旧识还是新交，她通常会请你签名或写几句话。你下次再去，她还会请你签名。有些国内来客对此不太理解。有一次，我在上海见到一个有些名气的学者，他去耶鲁访问时，有人带他去拜访充和老师，老师请他题字。他跟我说，张先生也不能脱俗，因为她让我签名留言。这可真是一个大大的误解。其实，美国很多人家都有这样的留言簿。比如说，我的好友李慧闻博士（Celia C. Riely），是研究董其昌的专家。他们家族在拍《金色的池塘》的那个斯夸姆湖（Squam Lake）边上有一个很简朴的避暑房子，每年夏天，她都会邀请我和妻子去小住几日，聊天、游泳。我们每次去都会在签名簿上写一些感想，比如说，这次来见到了谁，谈了什么事，天气怎样，见到老朋友们很高兴，等等。这是美国的习俗。我每次去，都会签名或留言，或长或短。我会写今天我和谁一起来看充和了，充和给我们看了哪些作品，她精神很好……这个签名簿记下了哪些人在哪些时候来拜访过她。她的客人还是蛮多的，有美国的，有中国大陆来的，台湾来的，也有其他地方来的。不管你是个大学者，还是一个普通的研究生，她都会请你签名。这本签名簿在她去世后怎样处理了，不得而知。我希望她的子女还保存着这个签名簿，有机会读读应该蛮有意思的，对研究她的生平也有文献价值。

三

第一次拜访她，当然就是在客厅里和她谈话，看她的书画。后来我当了教授，经常带学生去她家看书画印章，通常也在客厅。如果去的人比较多，要看的书画也比较多的话，就会在餐厅，因为餐桌比客厅的茶几要大。

餐厅正对着客厅，面积不大，大概十平方米左右。餐

张大千画的水仙图

张大千画的仕女图，一直挂在餐厅的墙上

厅对着街窗的墙上，挂着两张画，是张大千在成都给她画的，册页这么大，装在镜框中：一张是水仙；另一张是一个仕女的背影，画上的题款是"充和大家清属"。充和老师说，张大千是看了她的昆曲身段后作此画的。后来我发现，张大千在其他地方也画过类似的仕女（如果是真迹的话）。或许是大千先生将充和老师的身段作为仕女画中的一种范式了。这两张画下面有个一米高的木柜子。柜子上放着一些照片，记得她放过一张她在1949年和沈尹默夫妇合影的照片，也放过刘先女士送的一张在敦煌拍的张大千和一只大雁的照片。

　　紧挨着餐厅门的左右墙上面，也挂着书画。左边那张是她画在西洋纸上的一条蛇，装在画框中。这张画，收进了我编的《张充和诗书画选》。另一面墙上，挂着她的曲友

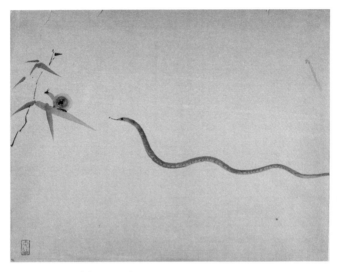

挂在餐厅墙上的张充和所画小品

杜鉴侬做的颖拓，颖拓也可以叫笔拓，就是用毛笔做出来的拓片效果，也装在镜框中。她曾经在一篇短文中谈到这件作品：

> 鉴侬工颖拓篆刻。在送我一个牙骨扇面上拓了古泉同古器皿，可惜矾重，都粉碎了。又送我一小横幅，是个绢面，左边是朱拓大齐天保造像，中间为一（商周铜器）卣，以石青金粉同墨混拓，一如熟坑青铜器皿。上下盖的印章，配合起来，愈看愈动人。有一章上刻"杜岑五十以后作"。现在算起来也有百岁以上

了。(见《张充和诗文集》，第358页)

后来充和老师把这个颖拓的原件回赠给杜先生的后人了，原来的镜框里装上了这件颖拓的彩色复印件。

餐厅里有两个玻璃立柜，放着一些石头、印泥、墨，等等，也有一些瓷器。我在耶鲁读书时，美术馆的馆长叫倪密（Mimi Neil），跟充和老师学书法，关系很亲密。她研究瓷器，有时会和充和老师一起逛古董店和亚洲古董集市，淘一些瓷器。1994年，倪密女士离开耶鲁，出任西雅图艺术博物馆馆长，后来和比尔·盖茨的父亲结婚，改名为Mimi Gates。她是耶鲁大学董事会的董事，来新港开董事会时，不住在学校安排的酒店，而是住在充和老师二楼的客房，晚上陪老师说话。她还在西雅图艺术博物馆为充和老师办过书画展，出了一本小图录。

在右侧的那个玻璃立柜旁，挂着充和老师抗战时期在重庆画的仕女画。画原先是南京的水利专家郑肇经先生的收藏，"文革"中失去。上世纪90年代出现在拍卖市场上，充和老师购回。因为郑肇经先生已经去世，这张画充和老师就留在家中。上面有沈尹默、章士钊、乔大壮、姚鹓雏、潘伯鹰等的诗词。这是充和老师唯一的"人物画"，她曾写过一篇名《仕女图始末》的文章，怀念在重庆时交往的师友，感情深挚，十分动人。

认识充和老师二十多年，在她的家中，从未见过她挂

张充和抗战时期在重庆画的仕女画

自己的书法。自己的字，她都收在二楼。有些早年的作品，是很小的小楷手卷，包好放在盒子里面，我们要看，她就从楼上拿下来。其中最精彩的是写于上世纪30年代末的两个小楷手卷。1970年，傅汉思先生请饶宗颐先生到耶鲁大学访学，饶先生时常到充和老师家做客，见到这两个手卷，很是喜爱，曾问她是否能够相赠，老师婉谢。但是，她用小楷为饶先生抄了一本词集，词都是饶先生在北美访学时作的。

充和老师喜欢葫芦，自己种，并把葫芦风干，挂在餐厅的窗子旁。她曾送给过我几个新鲜的葫芦，最后都烂了，一个都没有风干成功。所以，一些看似不难的事，做好却不容易。她从小生活在优越的环境中，到了美国之后，过的是普通人的生活，但她还是努力地把生活过得比较有情趣。

由餐厅向里走，便是厨房。厨房翻修过一次，看起来蛮新的。我刚认识充和老师的时候，她快八十了，还是自己下厨。我曾在她家吃过她做的饭，大概只有二三次。一次是我到耶鲁大学接受班宗华老师面试后，和李慧漱同学一起在她家吃晚饭。还有一次记得是我离开耶鲁了，去看她，她请我吃饭，那次她儿子也在。充和老师厨艺不错，每次的菜都蛮精致的。她有个鸭子造型的器皿，把肉汤放进去，能把油撇去，倒出来的便是清汤。后来她年纪大了，不下厨了。我去看她时，就一起到附近的中国餐馆吃饭。有时是我开车，有时是照顾她的小吴开车。后来她年纪更大了，行动不便，我们也不常出去吃饭了，而是小吴到中国餐馆买回来在厨房里吃。再简单一点呢，就是小吴从冰箱里拿出冻饺子煮，我们吃饺子。

小吴名礼刘，从2003年开始照顾充和老师，一直到她去世，与充和老师朝夕相处十二年。小吴有三个孩子。我记得从第一个孩子到第三个孩子，在没有上学前，都带到充和老师家里来，孩子的小床就放在厨房。有年轻的生命，张老师也很高兴，看着这些小孩子长大。

充和老师热爱昆曲，她写过一组《曲人曲事》（收入我编的《张充和诗文集》），可以看到她年轻时花了很多精力练习昆曲。她在美国，担任纽约海外昆曲研习社的顾问。小吴来照顾她后，她教他吹笛子，给她伴奏。小吴也会唱昆曲，耶鲁大学有一个昆曲社，小吴也参加的。

厨房外面是阳台。阳台上放着她种的花。她喜欢种花，而且园艺不错。比如说一种兰花，她送给我妻子两棵，妻子总是养不好，可她种的兰花就很好。她还喜欢收藏石头，到哪旅行，看到了形状有趣、外表好看的石头，就捡了带回家。阳台的围栏上面是平的，放着一些花盆，还有各种各样的石头。

阳台外，便是花园。美国东部住房和住房之间，通常没有围栏。但她却有个篱笆，篱笆旁种着花。她曾经写过一组《小园纪事》绝句，描绘她的花园，其中一首是这样的："当年选胜到山涯，今日随缘遣岁华。雅俗但求生意足，邻翁来赏隔篱瓜。"园内还有她种的"竹林"。

临池、作画、种竹、蓄石、唱曲……她在海外保留了很多中国传统文人的爱好。

四

由于数十年来一直上舞台表演昆曲，我认识充和老师的时候，她的腿脚非常灵活，走路很轻捷。但在2003那年发生了很大的变化。那年傅汉思先生病重，去世前的那个月，她一直在医院里陪着，晚上就睡在医院里面。由于年纪已大，长时间缺少运动，肌肉衰退，从那时起，她的腿脚明显地不如以前了，上下楼也越来越慢了。她上下楼不喜欢扶楼梯，每次看她上下时（特别是下楼），总担心她摔跤，所幸的是，她从没有在楼梯上摔过大跤。再后来，就住到一楼客厅里了。原来靠窗放沙发的地方，搭上了她的床。有个叫莉莉的马来西亚华裔妇女照顾她。她的生活基本就在一楼了。

过去她写书法好像主要在二楼。搬到楼下住以后，餐桌上常放着笔墨纸砚，她就在上面练字。她晚上如失眠了，就练字，一写就是一两个小时。她练的字常常是不扔掉的，并会记下哪一天临。我们有时能看到"深夜临毕"，或者"凌晨几点临毕"。2020年春天，她的子女捐赠给浙江大学考古与艺术博物馆一些临作，这些临作中有她2011年临的

《张黑女》，这时候她已经九十九岁了。

在她生命的最后两年，卧床休息的时间越来越长了。床头放着一些她经常要翻的书，其中之一，便是我编的《张充和诗书画选》。书中的图片是专业摄影师柯尚拍的，他曾从充和老师学习书法多年，所以给老师拍照片从不收钱。略有遗憾的是，承办的印刷厂不会看美国的色调板，有些图片和原作的色调稍微有点差别。不过，总的来讲，印刷质量还是不错的。书的开本不大，年迈的老师可以拿在手里翻看。莉莉告诉我，她在床上最经常翻看的书，就是这本《张充和诗书画选》。这让我很感欣慰。这本书里收录了她不同时期的作品，跨度长达七十年，其中还涉及不少她的老师和朋友，能引起她的很多美好的回忆。

充和老师逝世后，那座房子也易了主人。我和妻子曾在开车去纽约时，在新港小停，在马路边默默地望着老师的故居。我们不敢惊动房子的主人，他们大概也不会知道，这里曾经住着一位学贯中西的学者和一位"体现着中国文化中那最美好精致的部分"（傅汉思先生语）的女性。

2020年6月18日

先师白隆平先生轶事

赵纯元

　　读到《掌故》第七集的陈晓维先生《白坚的一次东洋之行》一文，想起已去世近六十年的老师白隆平先生。白隆平即陈晓维先生笔下的白坚，他晚年都用此名，很少用白坚或白坚甫等名。

　　认识先师白隆平是1962年，那时我初中毕业，未考上高中，在家肄业。我的初中班主任叫周冠群，他父亲周海桓与隆平先生有交谊。（周海桓解放前任过綦江县县长，他之六世祖即周璜，嘉庆帝的老师。）这年秋季，因他谈起隆平先生，我很仰慕，经他介绍，才去拜谒隆平先生。

　　隆平先生家住重庆市南岸区龙门浩一天门，即涂山之下，离我家不远，同一街道办事处，约十五分钟路程。他家环境较好，一栋平房，共四间房，即卧室、客厅、书房、杂物间，另有一间小厨房。屋外有一百多平方米的花园，用竹竿围着。园内植有花木，而最多的就是茉莉花，都是

21

雇人管理。每年花开，就请人采摘，送重庆茶厂做花茶。他也自种茶，取名涂山毛峰，茶味清香、醇厚，曾寄赠毛主席饮用，主席饮后大加赞赏。

初见面，他是一位须发尽白而精神矍铄的老人，面相与泰戈尔相似。时年他八十，我十六。他曾是吴佩孚的秘书长，后又任北洋政府外交部北京站站长。师母景珍是满族人，康熙帝后裔，年轻时能骑马射箭。先生从来都是洗冷水澡，哪怕天寒地冻也是如此，八十而后才洗热水。他视力也很好，看书看报都不戴眼镜。我只知先生有一女一子，女儿在西安某医院工作，1963年曾携小孩来重庆探亲；儿子在包头钢铁学院读书，后分到北京工作，能弹古琴。我朋友曾在拍卖行以五元购得宋琴一张，因有损坏，需修理，便分给了先生，先生将此琴也给了儿子。

认识了先生，先生拿出一本1962年的《人民画报》给我看，其中一幅三开的苏东坡画的《潇湘竹石图》吸引住了我。他便向我说这是他的藏品，画幅尺寸与原迹相差不大，去年以五千元卖给了邓拓。邓拓将画发表在《人民画报》，并以左海署名写了一篇文章介绍。画后有二十几家题跋（未刊全），而杨升庵的十二韵诗最重要，不仅诗好，字也不错，诗中内容将东坡其时的经历也穿插得体。画中原款为"轼为莘老作"，而邓文说是为刘莘老所画。他说苏与刘虽识，但关系不是很深，而此画是为孙莘老画的，这从东坡与孙莘老唱和的诗中可以看出。其时，苏贬官在馀杭，

苏东坡《潇湘竹石图》

孙莘老亦在馀杭就职。画中画了一拳石、两笼竹，左茂而右凋，其寓意是孙为左，己为右，这从杨升庵诗中"官奴锦瑟歌声阑，掀舞犹疑掌上看"也可看出，他当时较困窘，孙以官伎为他助乐。杨诗中"卷不当风开盈尺"，邓将"不"字当作了"示"字。邓将画取名《潇湘竹石图》，他说不妥，苏未去过潇湘。临走时，他还将画报给我，让我回家背诵杨升庵此诗，第二天测试。

先生有肺疾，1963年我每天早上都要从南岸渡江去民生路口的山城羊肉馆给他端羊肾汤，他尝给我说中国的美、善、祥三字都离不开羊。他也喜欢白居易的诗，并叫我诵读白居易的《东坡种花》二首，第二天令我背诵。他说苏东坡喜欢此诗，故自号东坡居士。

先生酷好收藏，但我不敢问他的藏物。知道他藏有宋版《汉书》，重庆金石学家黄笑芸曾向他借过，用以校他的《汉书》。他曾给我看过王阳明父亲的手稿，一函共八册，这也是他喜爱的藏品。"文革"中被查封，他逝世后也不知去向。他还收藏过苏轼所画的《怪木竹石图》，很早便卖给

23

了日本人。去年香港佳士得拍卖此画以四点一亿元成交。

他每隔二三年要去北京一趟，1963年冬，他拿出一方旧歙砚让我洗，洗净后砚质很细，牛毛纹非常漂亮，第二天晚上我送他到火车站乘9次列车，带着砚台去北京。重庆政协秘书长方镇华酷好砚台，已收藏好砚一百馀方，曾向先生借得一砚观赏，久而不还，先生催过几次都不理睬，先生拟告他，不得已便归还先生。

有次，他拿出一叠照片给我看，是赵子昂手书小楷《道德经》全文，前面有老子画像，他说这是以前溥心畬拟转让他，因价格未谈好，原迹归还与溥，而将全帖拍完自存，尺寸与原迹无异。他曾赠送我一本解放前印刷的他所著的碑版考证线装书，但现已不存。

他与张澜（表方）交情甚好，张南充人，他西充人；张秀才，他禀生，两人都曾在日本留学，都参加过四川保路运动。

鲜英是他同乡好友，他有时进城也去鲜英家，偶尔也小住"特园"。

我朋友阳大春仰慕先生之名，欲去拜谒。1963年冬，我带大春去先生家，但大门紧闭，家中无人。问邻居，邻居说今天一早，先生已雇了滑竿上南山看梅花去了。

1967年冬至，黄笑芸来我家，叫我陪他去看望先生。"文革"中先生已搬到莲花山，住二楼上，房屋很窄，只有一间屋。我与笑芸来到莲花山，我先去他家，他与师母均在。我便与先生说，笑芸来看你了，现在街上。他便同我出门，笑芸马上迎了上来，对先生说，今日冬至，务请赏杯酒喝。于是他带我们到街上一小杂货店，买了几两酒和花生，看着笑芸和我喝。

有次我去班主任家，班主任父亲拿出六个手卷给我看，装裱精致，均是玉轴。一卷鲜于伯机写的草书《千字文》（绢本），但只半段，从"勒碑刻铭"起至"焉哉乎也"。一卷陈道复的水墨杂花（纸本），一卷仇十洲的青绿山水人物（绢本），一卷陈眉公的水墨梅花（绢本），一卷汤雨生的小青绿瀛洲图（纸本），一卷包世臣的书法（纸本）。看后，他叫我将画带走，请隆平先生帮忙鉴定。第二天，我便带画去先生家。先生看后说，仇十洲这幅画是真的，但款不对，其他几卷均伪。80年代重庆书协在重庆博物馆搞活动，并观赏博物馆的藏品，我就看见鲜于伯机的《千字文》展现在玻璃橱柜内。

先生曾与我品评当世画家。我曾问先生黄宾虹的画如何，他说，以前在上海他便给黄说过，画不要画得黢黑。看来他是不喜欢的。张大千山水、人物、花鸟俱佳，但他说大千画的佛像眼神都像妓女。

先生曾撰有两联寄我：

> 误识永王璘，坐令夜郎留窜迹；
> 共仰江油县，长歌蜀道见奇才。（江油李太白祠）

昔日蜀道难，毛主席一呼，顿教秦塞豁然开通成铁道；

今日蜀道易，李谪仙在世，应笑青天高哉难上为空言。

此两联都因我当时在铁二局工作有关，我工作区域主要是川黔，广元、夜郎我都住过。

先生于1968年去世，迄今五十多年了。他平日对人谦和，世人对他非常尊敬。我从师学习六年，但有三年在外工作，先生的才艺没学到，是为憾事。兹将我所知道的先生情况补记于此，以作雪泥鸿爪罢了。

附：白隆平先生给我的四封信

第一封（1964年9月26日）

纯元：

九月14日你的信，收到已五日矣。你学永师《千文》，进步如此，有如百里之程，已走了三十里，可喜可喜。下剩七十里，望切勿间断。

以我的想望，你专心学《千文》三年之后，可以与董香光并肩。五年过后，可与赵松雪齐趋。

文娱时间不放过临池，是足用的。

万不可看轻铺轨架桥。嵇康以铁工而为大诗人，

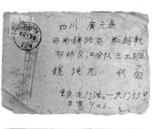

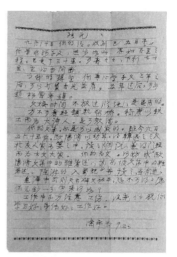

是可效法。

你的文笔，亦是可以成家的。距今九百五六十年前，欧阳脩以幼年得韩退之之文于友人家书篓之中，读之烂说〔熟〕，遂得门径而为古文大家。你的为文，何妨求欧阳脩文集中的杂著述、苏东坡文集中的杂著述、陆游的《入蜀记》等读之，当有进。

皇泽寺武则天书碑文拓本，恐不可得。愿你为钞一分〔份〕，寄来何如？

工作中千万注意工伤。注意注意。祝你学习好好身体好好工作好。

隆平顿首　9.26

第二封（1965年3月14日）

纯元：

你三月七日信，九日已接到读了。你的学书甚有进步，可喜。尚望努力不懈，登上最高峰。孙过庭、张旭皆惊喜曰，孺子可教，是为幸事。

成都应有琴师，文物商店乔德光，宜有所知，诚恳问他，可知其要。

北京有古琴学会（会址在"北京德胜门大街南头"），某胡同，则忘去，倘寄信去请教，可以请邮局探投，应能达到。有查阜西老琴师，住北京南锣鼓巷南头一号，是肯教后学的。可惜相去远，无由接近。重庆张舜臣老师恐已回昆明去了，恐只有文老师一人了。难得可贵，不可忽诸。

你的架桥工作，万不可忽，务要积极认真作好工作，琴书是其馀事，所谓以馀力习文，是也。弦外音，取不出来。

文语要力求畅达。欧苏陆诸家是好老师，日与之交接，久而久之，自然与他们同一样说话。

成都城南，春光最好。能漫游其间，是几生修到的。

隆平　3.14

第三封（1965年5月28日）

纯元：

你临写的《书谱》到了很久，今天才回信，请勿怪。

你书，乍一见令人欢喜不已。但，子〔仔〕细一审，"使转"粗率之处则甚多。此点不深深用功克服，则将以粗率自足。是为可惜。你看何如？幸有以告我。

隆平　5.28

第四封（1967年6月18日）

纯元：

昨十七日，忽得你本六月八日书，读之一再，令我不胜欢喜。你架桥工作，所往有功，是所至喜。

《毛主席语录》，是一编兵法，是无往而不胜的一编兵法。你既爱读，愿更百读，深深领会林副统率的教导，以成"安内攘外，攘外安内"之大功，是余所至望于你的。

你爱智永书，亦大佳。愿于《书谱》更进一步加以调查研究，期无遗憾地读《书谱》。今日能书，赵纯元以外，殆不见有第二人。勉之勉之。

围棋难精。中国已往有吴清源（福建人）一出而压倒日本之好手，惜乎你未及与之为友。倘得其棋谱而谱之，即能大进。

我的日语，不足以教人。我的日语词典之类，三年来再三被抄家荡产，已无一存，更无书籍可凭以教人也。既得日文版《毛主席语录》，即是一条学习日语的好道路。此复，即颂

你身体好，工作好，好上更加好。

隆平　6.18

周肇祥与北京琉璃厂（上）

史　睿

一、西服辫子集一身

　　周肇祥（1880-1954），绍兴人，字嵩灵，号养庵，又号无畏，别号退翁，室名宝觚楼、娑罗花树馆、鹿岩精舍等。他的生平，可以从史树青先生《影印〈艺林旬刊、月刊〉序》和《琉璃厂杂记序》、赵珩先生《史树青先生二三事》（《逝者如斯——六十年知见学人侧记》，中华书局2017年版）、徐翎《周肇祥年表》（《中国画学》第二辑，故宫出版社2012年版）等文知其大概，至于他的丹青经历、收藏生涯的详尽研究，近年则有张涛《民国前期北京画家生活状况与市场形态研究》（中央美术学院2012年博士论文）、倪葭《从〈琉璃厂杂记〉看周肇祥的艺术品味》（《荣宝斋》2015年第3期）等专论。周氏是晚清民国时期的中级官僚，而研究者更为关心他作为画家和收藏家的身份及经历。

周肇祥是20世纪初新旧转变之际的典型人物之一，民国初年报刊上的这段文字，可为其一生形象奠定基调：

> 当清鼎未革时，周已知名宦场，官湖南，职位四品以上，行走亦称大人，惟周慕欧西服饰，已易短装。一日某处筵会，周短装前往，同像某某者，怪其不经，熟识一过，已知为周，乃佯为作态，顾侍者曰："周大人呢？"侍者以为某某必真未见周，乃指示曰"周大人在此"，周以应声长揖中诺，讵某某略一转视即斥侍者曰："那不是个外国翻译么，哪里是周大人？岂有此理！"周睹状，局促不能自安，乘间退出，重易补服马褂而往，其事遂寝。（大氓《周肇祥轶事》，《老实话》第9期，1933年）

周氏在清季着西装，入民国则倡国画、玩古董，迨日军入侵而迎降，晚节大亏，甚至他本人一生不脱旧式官僚面目，而其子参加共产党；民国时期的收藏同道和厂肆商称他吝啬刻薄，其夫子自道多以慧眼识宝而自矜，晚年穷途末路之时，唯一探望之人却是厂友马宝山，其人生可谓时时处处在矛盾之中。周氏幼年在近代开埠最早的广东番禺长大，青年时代从学于顺应潮流的京师大学堂，从政之初受到深谙世界大势的徐世昌赏拔，中年辞官之后又与毕业于伦敦国王学院的金绍城互相切磋学术与画艺，并借鉴欧洲各国文物法倡导文物保护，参与组建中国西北科学考查团，这是他接轨世界文明潮流的一面；另一面，他又具备深厚的"国学"修养，颇有复古情结（张涛《几曾回首梦留痕——民初官员画家周肇祥的复古世界》，《天津美术学院学报》2015年第5期），这是他中华文化本位的一面。张涛称金绍城、周肇祥为民国政界清流，可谓知言（《中国画学研究会与金城、周肇祥关系考》，《中国美术》2017年第3期）。因在日本侵华期间有附逆行为，1946年周氏遭通缉（前引张涛《几曾回首梦留痕》），1950年又因命案入狱，家产抄没，保外就医出狱后晚景凄凉，以糊纸盒为生（邓之诚《邓之诚文史札记》，凤凰出版社2012年版；陆灏《听水读抄》，海豚出版社2014年版）。据云周肇祥被查没藏品（包括文物、字画、拓片、书稿）由北京市政府文物调查小组接收，后来将这些藏品分作三部分，文物由首都博物馆收藏，字画、部分拓片由北京市文物管理处（北京市文物局前身）

首都博物馆藏"周肇祥燕市所得记"
狮纽寿山长方章

收藏，大部分拓片由北京市文物研究所收藏（叶芷《周肇祥旧藏拓片整理札记》，《收藏家》1996年第3期）。

周肇祥书稿当中，既有专门之作，也有纪游篇章，而最能引发读者兴趣的，当首推以日记改写而成的《琉璃厂杂记》。此书问世的经历颇为传奇，当初周氏书稿抄没之后，长年无人问津；"文革"后期，清退查抄文物时，无主文物经过专家鉴别，"无价值"文物皆作销毁处理。当时琉璃厂学徒起家的文物专家吴希贤，熟识长年出没厂肆的"周大胡子"周肇祥，发现周氏遗稿《琉璃厂杂记》，颇为重视，于是告诉文物管理处的宋惕冰（郭倩《〈琉璃厂杂记〉：手稿尘封百年今朝完整问世》，《中华读书报》2017年8月30日）。转入北京燕山出版社的宋惕冰将此稿推荐给同事赵珩和海波共同整理，于1995年出版。当时整理出版的是楷书誊清稿的卷一至卷五（所记之事在1913年至1916年间），而后张先得又发现了行草书写的卷六至卷十九稿本（1920年至1928年记事），由宋惕冰续加整理。后合为一部，于2016年由北京联合出版公司推出。《琉璃厂杂记》卷一至卷五，已经楷书誊清，准备付梓，而卷六至卷十九尚是抄稿，并未誊清（宋惕冰《后记》，《琉璃厂杂记》，第713-715页，北京联合出版公司2016年版）。此书应是自周氏日记抄撮改编而成，故能够推测各卷记事的年代；而《周养庵日记》如今尚在，若能影印出版，则不难探知两者之间的关系。

二、易代之际的琉璃厂

自清代乾隆年间开四库馆而书业兴盛，琉璃厂逐渐成为京城最为繁华的古玩、旧书圣地，二百五十年来流连盘桓的文人雅士反客为主，成为历史记录的主体，即使孙殿起以书店东主身份编纂的《琉璃厂小志》也是借文人篇章以自重，鲜有真实交易的记录。琉璃厂诸商号何家主营何业，职业操守与营销策略如何冲突，主顾和店家之间如何互动，店伙如何在经营中学习成长，乃至世界大势如何影响市场行情，都没有深入的研究，既少概观的描述，更缺乏详细的案例。从琉璃厂的历史记载上看，早期记载较为疏略，多为文人片言只语的回忆，晚近记载稍多，然可信者盖寡，而中间晚清光绪中期至抗战军兴之前的记载最为缺失。以书业而言，光绪初年至1941年琉璃厂执牛耳的魏氏文友堂在相关的回忆和研究中缺位，以我所见，仅有国家图书馆善本部李小文、孙俊《文友堂藏傅增湘手札》一篇专论而已（《文献》2007年第4期）。周肇祥《琉璃厂杂记》涉及北京厂肆的各类古董商号，从一位买家的角度生动详细地记录了此间的古董业态和商客交往，堪称是一部琉璃厂的百科全书。除琉璃厂之外，他还常常流连于隆福寺、护国寺、王府井、东华门外、烟袋斜街、宣武门外大街小市等古董聚集之处；外埠则数度流连于沈阳、天津的古董店，所记虽惊鸿一瞥，亦堪与琉璃厂对比。若有学者从事清末民国的琉璃厂研究，必当于此书中得醍醐味。

周肇祥清末入都，求学于京师大学堂，当时犹及见"胜流词客"与"好学良贾"，迨至民国更始，政坛人物皆非昔日之比，主要买家从讲求学问的旧朝官变为显耀财富的新权贵，且古物日稀，外国藏家购求日盛，导致价格腾贵，而普通古董商号反而生意冷清。这一变化，周肇祥曾于书中反复感叹：

> 回忆己亥初入都时，车水马龙，填塞厂门。所见贵人妖姬，胜流词客，姣童俊仆，朱轮雕鞍，绣衣朱履，一切旖旎奇丽之景，恍如梦境。广东已改设电话局、高等师范学校，游人不至。土地祠门内外沿墙一带，古董、字画、荒货，旧错杂陈，亦无奇特之品。（卷一，第6页）

> 金石书画，本无定价，然前清道、咸、同、光承平时，京朝官政务多暇，先辈以主持风雅为事，后进承流仰风，成为习尚。一时物有定评，人知矜重，而厂肆业此者皆涉猎书史，亲近名宿，自负执业甚高，每以名流品评为价值高下。于是厂肆中乃有一种自然而然之行市，纵有差池，亦不甚远。自外人购求我国古董日盛，市侩贪利，争为搜罗。业此者，人类复杂，习为奸欺，同业之哄，屡有所闻，于是有所谓古董商会

生焉。京朝官中亦非复从前之景象，后生小子无学问、无眼光，不为厂肆中人所信服，反有从厂肆中求秘要者……民国以来，讲求收藏者日少，识真者益难……于是厂肆百年来讲体面、重道义之风扫地无馀，只有所谓诈欺取财，而无所谓公道之行市矣。此升降变化之历史，游厂肆者不可不知也。（卷二，第72—73页）

周肇祥所说的变化，不外以下几个方面，其一是厂肆环境的变化，这个区域进入民国之后增加了不少公共设施，如电话局、高等师范学校，还有1926年开通的和平门等都改变了厂肆面貌；其二是主顾和商贾的变化，主顾方面，民国新贵已经与晚清清流大为不同，周肇祥的描述很有兴味：

听戏、吃馆子、叉麻雀，殆成为今日都下之俗尚，至于盘古董、撞诗钟，已为最高尚之娱乐。若谈文艺，讲学问，搜求古迹，寻先贤之遗烈，游览山水，拓旷逸之胸襟，则殊鲜其人。或有以此相浼者，亦莫不笑为迂怪而远之。（卷二，第85页）

厂肆中相传有四大冤桶者，皆贵盛多金，以重价收赝鼎，商贩得售其欺，而加此美谥也。近则财政次长张岱杉已去职查办，京张铁路局局长关冕钧亦撤差到案，四冤桶已去其二。惟中法银行华经理王叔鲁、参政孙少侯在耳，意兴闻亦不如曩时。（卷二，第73页）

民国官员群体不再有旧时清流讲谈学问、搜求古迹的兴趣，一改而为"吃馆子、叉麻雀"；偶有好事者，不过是"暴然富贵，自附清流，有耳无目，恃其盗囊之金，滥为收购"，厂肆"四大冤桶"即是其例。商贾方面，琉璃厂在这个时期也经历了一次店主的代际更新。周氏云：

> 琉璃厂生涯日落寞。老估辈经过全盛，金钱丰满，置田宅，拥妻妾，长子孙，不轻出。而伙友徒弟年轻眼浅，未亲炙士夫，日习于廛市猿巧，故有多家，入门见其人即作呕。如古雅之徐估、悦古之杨估、赏奇之杨估，皆堕此恶道。寻常一物，问其价则朝夕不同。若取归玩看，价益娄索。不曰某洋人已给值若干，某银行总理、某铁路总办给价若干，其言龌龊不可闻。及数日无售主，过其门又局蹐如辕驹……（卷一，第26页）

古雅徐估即古雅斋徐轩，赏奇杨估即赏奇斋杨润斋，悦古杨估不详何人（陈重远《古玩史话与鉴赏》，国际文化出版公司1990年版），以上诸人都是民国初期比较活跃的琉璃厂商贾，主要做洋庄生意，如赏奇斋杨润斋与大古董商岳彬联系紧密，曾将醇亲王府珍藏瓷器卖给山中商会；也攀附民国权贵，所谓"银行总理、铁路总办"，即上述王叔鲁、关冕钧之流。正是因为时势不同，琉璃厂的方方面面都发生了变化，总体的古董业文化自然与前清不同。周氏云"厂肆百年来讲体面、重道义之风扫地无余，只有所谓诈欺取财，而无所谓公道之行市矣。此升降变化之历史，游厂肆者不可不知也"，确实是重要的论断。

民国初期，洪宪复辟、世界形势与军阀混战都对琉璃厂业态有所影响。易代之后厂肆因为袁世凯集团掌权而略有复兴，洪宪复辟失败以后，则复跌落，仅有少数商贾凭借洋庄、日本庄生意维持，而1914–1918年的第一次世界大战及1923年东京大地震导致洋庄、日本庄生意也一落千丈，厂肆一片哀鸿之声（参张亚光、陈菁菁《近代北京琉璃厂古玩行的市场结构与交易》，《河北经贸大学学报》2016年第6期）：

欧洲大战争，各国士商多奉征调回国，东游者亦裹足，古董贩子乃大失望。东四牌楼一带，入其屋，莫不垂首丧气。或日方午，掩门抱膝饮烧酒，语喃喃似梦呓。侧听之，乃不规则之中英混合语，似自夸其物之珍贵也。厂肆有浃旬不卖一钱者，肆中亦无新发见之品。小徒弟云，即有踵门求售之货，亦摇手不与谈，老辈皆谓自开业以来所未有。某铺主耶教徒，日夕诵经，求上帝早弭战祸，俾免堕饥饿地狱，闻者嗤之。（卷一，第62页）

欧战未已，古董一行，不独外人无问津者，即京

朝官，亦以薪俸支发不以时，囊中稍有馀钱，亦留备
缓急。故厂肆冰清鬼静，甚于民国元年。我辈间或一
至，亦以无所得而不愿往。（卷二，第63页）

润丰源何估有出土大瓷盘，围约二尺，深寸许，
足高四寸。糙米色，通身开片，土气浸淫，纹如鳝血，
价奇昂，不能得。近亦以欧战影响，十番遂售。（卷
二，第65页）

周肇祥将民国元年作为琉璃厂最为低落的时期，而第一次
世界大战期间厂肆之凋敝尤甚于民国元年。卷八（1921年）
记载：琉璃厂商贾"祝续斋贩卖古董往巴黎，值欧战猝起，
贬价出脱以归，乃停其故业，近稍稍经营，不似昔年之开
拓也"（第307页）。此外，如1923年日本发生关东大地震，
震中继以火灾，性命财产损失颇重。震后"厂肆所谓东洋
庄者，无人过问，价为锐减"，古瓷、陶瓶、古砚、铜镜等
类，售价尤其低廉。

就国内形势而言，民国时期历次内战对于古董市场影
响极大，如1924年直奉战争期间，北京与各地的交通一度
断绝，当时京津二百四十里，乘火车还需一昼夜始达。京
绥、京汉铁路不通，北京各古董商号在外收货的店伙不得
归，外埠的商贩也不能至京，货源切断，几至歇业。有一
大同客商徒步来京，挟元大德钱、压胜钱在云松阁寄售，
因时局不靖，竟然不能脱手，无功而返。至1925年古董

铺、书铺、挂货铺仍是生意冷淡，多有累月不卖一钱者。即便是昔日盈利颇丰的掌柜也是尽日高卧不起，或返回家乡，仅留一二店伙照管。如没有馀钱，靠卖货度日，则几于断炊。

北京"城头变幻大王旗"的政局中，凡是当轴者都想利用琉璃厂为自己谋利。如厂甸火神庙，旧为同业公会举办年节庙会之所，每个摊位租金两三元，至1924年总兵袁得亮将庙内修葺一新，颜其门曰"文化商场"，独霸租赁之利，摊位租金骤增至三四十元，即使位置最偏的摊位也需缴纳十元。新年庙会之后每月开庙两天，廊屋二间，押金二百元，月租十五元，其馀次第为差，以此压榨琉璃厂的商号和摊贩。因袁得亮曾为步军统领衙门左翼总兵，官府有所忌惮，商人反对无效，只得听其摆布。于是古董价钱腾贵，假货充斥，无复往日繁荣。这年正月庙会，警察厅应张宗昌的要求，延期十天。商贩生意不佳，且需多缴租金，非但不能有所收入，反而赔累益重。之所以造成这种困境还有一个因素，就在1924年，公务人员连续数月不能如额拿到工资，大家生活尚无着落，不但无能力购藏古玩，没有外快的中下级官吏还不得不变卖家藏古董。宣武门小市因此热闹非凡，周氏在此地颇有所获，得乾隆年间良工所琢大西洞石端砚，价仅一元，又得抄本《两汉隽言》前后集。

三、厂肆货源与主顾收支

晚清民国琉璃厂的市场结构与交易情形，前揭张亚光、陈菁菁论文已有概括，就其古董货源而言，周书皆可印证。内府流散者是琉璃厂最贵重的商品，自清末开始就有太监盗卖宫中珍玩，清社既屋，情形更加不堪。前清内阁大库多有宋版书另种，袁克文、傅增湘等贵胄得之甚多。周氏得见内府所藏汪近圣所制《御制耕织图诗墨》，又有"内库所出官窑器未经使用者，茫泽如新，尤可玩爱"。地安门"俊古、广古旧在内府当差，瓷器多由其输出，初不甚贵，今亦渐居奇矣"（卷八，第300页）。1923年6月26日建福宫大火事件，焚却无数图籍书画珍宝。小朝廷因此下令驱逐太监出宫，所留者不及十之一，此后内府流往古董市场的文物大为减少，周肇祥珍爱的官窑小品自此在小市上绝迹了，只有金铜佛像偶尔出现，周氏曾得藏传佛教莲花生像。

厂肆多有著名收藏家身后流散的藏品，如清末徐坊、盛昱、陈介祺，民国裴景福、章钰、袁克文等人的藏品也是经由琉璃厂各家商号再次流转，往往见于《琉璃厂杂记》。各家旧藏珍品也是厂肆的重要货源，张亚光、陈菁菁前揭论文未能涉及。徐坊，字士言，号梧生，一作午生，晚清藏书家，清末曾任国子丞、京师图书馆副监督。家有

藏书楼"归朴堂",与潘祖荫"滂喜斋"、盛昱"意园"齐
名。1926-1927年间,傅增湘屡次向张元济报告购买徐坊
藏书事宜,见《张元济傅增湘论书尺牍》(商务印书馆1983
年版),其部分出售书目见同书第166-167页。周氏又记
晚清著名金石收藏家陈介祺后人不能守其藏品,1922年顷
陈氏家藏古印被人盗窃,以每方三元的贱价售予天津商人,
罗振玉之子以四百元购入,再转卖给陶某,获四倍之利。
陈氏所藏最为精美的佛教造像,如曹望憘、王阿善两件已
如黄鹤,杳无踪迹,周氏云系从烟台海舶而去。今法国吉
美博物馆所藏君车画像石就是当时流散的陈氏旧藏。

　　各地收藏家或盗墓文物能够聚汇于北京,主要是因
为此地需求最为旺盛,琉璃厂商贾为此建立起全国性的收
购网络,一方面派出店伙前往各地收购,一方面也接纳各
地来京的行商寄售。周肇祥也关注琉璃厂从陕西、河南等
重要文物出土地收购的渠道,他曾体会到某些年份厂肆派
店伙赴陕洛收货者绝少,仅恃门市外来客贩及古董商会竞
卖。而崇文门、天桥等处各铺,则专以派店伙外出收货为
事。货之佳者,直接售与外人。其次者,供同行中之转卖,
故厂肆鲜有奇物。又有外埠客商在京城的古董铺寄售者,
常常要价过高,周氏会嘲笑他们不知道京城的行市。

　　琉璃厂的洋庄生意从清末开始成为各家商铺的竞争对
象,白谦慎《晚清官员收藏活动研究》(广西师范大学出
版社2019年版)以青铜器收藏为例,已经有非常重要的研

究。所谓洋庄就是以外国主顾为对象的生意，可得重价。分为西洋庄和东洋庄，西洋庄主顾是欧美人，东洋庄主顾是日本人。除了直接的消费者之外，还有中介商，例如日本的山中商会，曾是世界上最大的中国文物外销中介。洋庄对于行情的影响颇大，如《琉璃厂杂记》卷二记载："近日外人喜购新出土古玉，价顿昂。"又卷十二（1923年）记载：

> 西人之豪富者，以有中国旧瓷为荣。故近年旧瓷益贵。各国博物院亦事搜罗，奇异之品莫不随番舶以俱去。将来欲考求旧瓷，必有借镜于人之一日。（第436页）

周氏曾遇华古斋得西夏印数方，日本主顾三十元购其一，此价马上成为定评，其他各印非三十元不售，专属买家对于定价的影响力由此可见一斑。甚至外国收藏家居住地的分布对于京城古董业的布局都有作用，例如周氏发现烟袋斜街、东华门外的古董铺增加很快，多是为了迎合在东城居住的外国人。从全国来看，为了迎合外国人购买方便，古董中心也有从北京向上海转移的迹象。琉璃厂的洋庄生意带来了国家文物流散问题，周肇祥痛心于河南佛教造像、山西壁画绢画和敦煌吐鲁番文献的盗卖。周氏书中还曾斥责"某公子"（指袁克文）与古董商人勾结，以致"昭陵石马""航海而西，永劫不复返"（指昭陵六骏中"飒露

紫"和"拳毛骒"二骏被美国人舟载以去事），又说彰德某
寺藏佛教水陆画，传吴道子画，袁克文攘为己有，携至上
海，售价累万。

《琉璃厂杂记》最为突出的价值是提供了周肇祥本人的
收入与购藏文物支出的具体案例。周肇祥非欧阳永叔所谓
有力者，作为民国政府的中级官员，其实收入不高，除了
普通薪金之外，主要是依靠各类津贴外快购藏文物。《琉璃
厂杂记》开篇即云："旧日厂友见余至，甚欢迎，岂知余亦
眼馋囊空，不能大有利于君者耶！"综观周氏所记购买古
董的详细记录，大约每年一千五百元至两千元左右，购买
单件文物很少超过百元，若需百元则需质衣收之，绝无一
掷千金的豪爽，往往因为店家索价过昂而心生咒怨。1922
年初，周氏得薪津五百馀元，农历新年之前到琉璃厂各商
号挨家了账。按照当时商业惯例，一年当中正月新年、五
月端午、八月中秋三大节日是结账日，中间所购商品皆可
记账，至节结算。如果一节以五百元可还本节琉璃厂商号
之账，我们大致可以推算出周氏一年购藏文物的开销。当
然，偶尔因为外快不济而望"市"兴叹，如1922年有"一
年不如一年，使人气索"之叹，中秋节近，借钱以还厂肆
之账。1923年，周氏记"中秋节过，市面益冷落。韵古《梅
花》卷百金许我，爱不能释，而款无由致。适盐署得一月
□偿，割半易之，不敢使妻孥知也"（卷十二，第437页）。
这是一件典型用外快百元购藏文物的事例，在周氏已为豪

举，还担心妻子获知不高兴。1925年新年则云："今年厂
肆收账极不利，各铺所得不及十之一二，退货者纷然。若
吾辈携钱挨家还账，则视若财神矣。"（卷十四，第500页）
1926年旧历年前的事例最为典型：

> 新历年关不多一钱，旧历年关近在眉睫。十四衙
> 署聚众索薪……各店铺索账亦急如星火，一日数临余
> 家。向以现钱买物，故无赊欠，书画文玩之账则手自
> 料理，逢年节均持簿挨户清结，厂估不来索取。今年
> 祀灶后居然有来者，然余持簿开付之例不可广，惟有
> 先举债以偿耳。若等薪俸到手，门坎都被人踏破矣。
> （卷十六，第615页）

这一年是北京人度岁最艰难的一年，不仅各衙署至年底皆
无发薪的消息，参政院甚至贫不能举火取暖。商铺对于薪
金稳定的公务人员的支付能力和信用的信心已经发生动摇，
不得不上门讨债。周肇祥向来以不拖欠古董账为傲，而此
年竟然也遭店家登门索欠，与往年亲自持簿到店结清欠账
相较，只能举债以偿。

辜鸿铭教蒙学

艾俊川

辜鸿铭一生，很多时间在教书和讲学。宣统末年，他辞去外务部左丞之职，在邮传部上海高等实业学堂任教务长，结果因反对辛亥革命触怒学生，挂冠而去。入民国后，他又成为北京大学的名教授。

一、爱讲中国经典的英文教授

在北大，辜鸿铭除了是众口一词的"顶古怪的人物"，还是五四风云年代蔡元培"兼容并包"主义下被"兼容"的典范——他"拖长辫而持复辟论"，与北大政见不同，但北大仍请他讲授英国文学。

从1914年9月后受聘，到1920年解聘（见吴思远《辜鸿铭出入北大及生辰考述》，《中华读书报》2019年5月15日），辜鸿铭在北大教习英文六年，主要是给二、三年级学生讲授英国诗。他讲课的教材未见流传，今天人们了解上课内容，主要靠学生的零星回忆。

罗家伦是北大1917级英文系学生，晚年曾作《回忆辜鸿铭先生》一文，说起当年的讲课与听课：

　　辜先生对我们讲英国诗的时候，有时候对我们说："我今天教你们外国大雅。"有时候说："我今天教你们外国小雅。"有时候说："我今天教你们外国国风。"有一天，他异想天开地说："我今天教你们洋离骚。"这"洋离骚"是什么呢？原来是密尔顿（John Milton）的一首长诗"Lycidas"。为什么"Lycidas"会变"洋离骚"呢？这大概因为此诗是密尔顿吊他一位在爱尔兰海附近淹死的亡友而写成的。

　　在辜先生的班上，我前后背熟过几十首英文长短的诗篇。在那时候叫我背书倒不是难事，最难的是翻译。他要我们翻什么呢？要我们翻千字文，把"天地玄黄，宇宙洪荒"翻成英文，这个真比孙悟空戴紧箍咒还要痛苦。我们翻过之后，他自己再翻，他翻的文字我早已记不清了，我现在想来，那一定也是很牵强的。

对英文《千字文》，1915级的袁振英回忆说：

　　辜先生常常教我们念英文本《千字文》，

Dark' Skies' above' The yel' low' earth'

音调很齐一，口念足踏，全班合唱，现在想起来，也很觉可笑。看他的为人，也越发诙谐滑稽，委实弄到我们乐而忘倦，也是教学的一种方法，所以学生也很喜欢。

看来，英译《千字文》给学生们留下深刻印象。

罗家伦说，"我们在教室里对辜先生还是很尊重的"，但在教室外就不一定了。前些年在北大档案馆发现一份文件，是罗家伦写给教务长和英文系主任的信，强烈要求辜鸿铭"下课"，改由胡适教授英国文学课程。这封信写于5月3日，正是五四运动的前夜，而在运动之后的8月8日呈交。罗家伦要求更换教师的理由，是辜鸿铭不好好教课，有误学生前程。其信列举了四项"罪状"：一是每次上课，教不到十分钟的书，甚至于一分钟不教，次次总是鼓吹"君师主义"；二是上课一年，所教的诗只有六首另十几行，时间被他骂人骂掉了；三是西洋诗在近代大放异彩，但他总大骂新诗，以为胡闹；四是他教课的时候，只是按字解释，对英诗的精神，一点不说，而且说不出来，总是说：这是"外国大雅"，这是"外国小雅"，这是"外国国风"，这是"外国离骚"。这些行为不但有误学生的时光，并且有误学生的精力。为此罗家伦要求学校设法调动辜鸿铭的教职，并表示，如年中不便更动教授，那么宁可让辜鸿铭白

拿一年薪水，也不能让他继续上课。（见邱志红《从辜鸿铭
在北大任教始末看北大"英文门"时期的师生状况》）

对比罗家伦早年的信和晚年的回忆，辜鸿铭教课的细
节有同有异。相同的地方，是均提及辜鸿铭将英国诗比附
为中国的《风》、《雅》、《离骚》；不同的地方，是信中说
辜鸿铭上课一年，所教诗只有六首另十几行，而回忆录则
说自己在班上背熟了几十首英文诗。罗家伦听辜鸿铭讲课
的实际时间至多两年，这几十首诗的差别，不知是辜鸿铭
在最后一年改弦更张，多讲了若干，还是罗家伦在信中夸
大其词。

罗家伦是英文系的学生，但又是起草五四学界宣言的
学生领袖，他出面要求撤换教师，学校自然要有所回应，
再加上蔡元培辞职，辜鸿铭失去了包容他的人，就这样，
到1920年新学年，他被北大解聘。

辜鸿铭教师生涯的终点是北京，起点乃在湖北。早在

辜鸿铭中年照

清光绪二十年（1894）前后，湖广总督张之洞开办自强学堂，其幕中的辜鸿铭就在学堂充任洋文教员。掌故家刘成禺是该校的学生，他回忆说：

> 予十七受英文于先生。时先生居张香涛幕府，以尊王、尊孔日训生徒，见人必令背诵《论语》、《五经》一段，曰西洋无此道德礼义之学也。

以英语老师而热衷于教授汉文经典，辜鸿铭从一开始就是这样做的。当时他还没有后来的显赫名声，当局者也没有蔡元培那样的雅量，自强学堂提调钱恂在写给汪康年的信中就痛骂说：

> 辜鸿铭为人，荒谬绝伦，不告于帅，不告于我，而作沪游，大约别有所图，能不再来学堂，则大妙耳。其人英文果佳，然太不知中国文，太不知中国理，又太不知教学生法，是直外国文人而已矣，何用哉！

自强学堂是中国最早的近代学校，北京大学则是最高学府，辜鸿铭在各校都一以贯之地尊王尊孔，惜乎未能得到学生的共鸣。

二、推广诗歌教化的幼学老师

除了教大学，辜鸿铭还教过蒙学，这样全科的教师，放眼古今中外，大概都属凤毛麟角。在辜鸿铭研究中，对他教授蒙学的事也有所提及，但均语焉不详。追踪来历，应为罗振玉在《读易草堂文集》序中所记：

> 予以光绪己亥始识君，值甲午战后，海内士夫愤于积弱，竞谋变法以致强，相见辄抵掌论天下事，汲汲如饮狂药，而君则独静谧，言必则古昔、称先王，或为谐语以讽世。予洒然异之。庚子客鄂中，则君方设义塾，日以儒先之言训童稚，益重君不同流俗，然尚未深知君也。

光绪庚子是1900年，去今正好两个甲子，辜鸿铭在武昌设义塾、训蒙童的事，只有罗振玉寥寥数字的记载。这也不奇怪——辜氏此时的学生是儿童，虽亲承教诲，但无法像北大学生那样留下回忆文字。不过幸运的是，辜鸿铭留下一部为蒙童编写的教材，这让了解他的蒙学教育思想和实践，比研究他的北大经历更为便利。

这部教材就是《蒙养弦歌》，其序收入《读易草堂文集》，其书则未见专门研究。下面先说一下这本书。

《蒙养弦歌》不分卷，卷端上题书名，下题"汉滨读易者手编"，辜鸿铭曾用这个别号撰写了著名的《张文襄幕府纪闻》。全书四十七叶，半叶六行，每行八字，真正字大如钱，便于儿童阅读。卷前有《蒙养弦歌序》，末署"光绪二十七年仲秋月，汉滨读易者识"一行，在收入《读易草堂文集》时被删去，序文说：

袁简斋谓诗论体裁不论纲常伦理，殊非笃论。诗固必论体裁，然岂无关纲常伦理乎？惟诗贵有理趣而忌作理语耳。近日士人教子弟读文读诗，惟期子弟能文能诗，此于诗教一道，已乖孔子"迩之事父，远之事君"之意，又奚怪世教之不兴、人心风俗之不厚。前平江李次青先生有鉴于兹，曾编《小学弦歌》一集，原为缙绅家子弟诵本，至为民间小学用，卷帙未免繁夥，所选品格词义过于文藻，未易为民间童稚领会。溯自汉以来，诗集存者皆出文人学士之构思，非所谓里巷歌谣之作也。惟古诗、古乐府质而不鄙，尚有国风之遗意存焉。今就古诗、古乐府偕《小学弦歌》集中专择义文浅近、易于成诵者，共得一百首，录成一编。次青先生谓"凡以诗之为教，温柔敦厚，其善者足以感发人之善心，其辞气音节抑扬抗坠，使人涵泳优游而自得之，故其感人尤易""在小学时，天性未漓，凡事以先入之言为主，尤当使渐摩于诗教，培养

辜鸿铭《蒙养弦歌》
首叶

其生机，庶能鼓舞奋兴而不自已"云，此皆阅历这里（川按："这里"二字似衍文，《读易草堂文集》删去）甘苦之语也。此编庶几其于先生诗教之义或不甚背戾乎？

据此序文，辜鸿铭此编无论宗旨还是选目，都受到李次青《小学弦歌》的影响。李次青即李元度（1821—1887），湖南平江人，道光举人，初随曾国藩镇压太平天国，官终

李元度《小学弦歌》
目录一叶

于贵州布政使。李元度留心史事，著有《国朝先正事略》等史书，又注重子弟教育，编辑《小题正鹄》和《小学弦歌》等教材。

《小学弦歌》编于光绪五年（1879）。在序中，李元度远绍孔子"诗可以兴观群怨"之旨，近以程朱讲求而未及实行诗教为憾，自云"山居多暇，窃体程朱之意，摭古今诗可以厚人伦、励风俗者，博观而约取之，汇为一编，以教小学。凡为教者十有六，为戒者十有二，而以广劝戒终焉，计得诗九百三十馀篇，名曰《小学弦歌》，冀附《小学》以行"，期望让儿童先入为主，通过读诗得到礼乐教化，达到"性情可理，伦纪可敦"的目标。

中国传统，素来重视诗歌教育，就普及性教材来说，前有《千家诗》，后有《唐诗三百首》，都堪称脍炙人口、家弦户诵，为何李元度还要另起炉灶自成一编呢？主要是像辜鸿铭在《蒙养弦歌序》中批驳的袁枚所言"诗论体裁不论纲常伦理"那样，传统诗教是从文学角度来教育学生，而不是从"纲常伦理"角度来教化学生的。这对理学家来说难以容忍，觉得浪费了孩子的可塑性，必须从小学开始诗歌教化。李元度编辑《小学弦歌》，是给"诗教"的重新定义。

既然是为朱子《小学》补上诗教短板，《小学弦歌》自然充满理学气息，只须看看书的类目即可明白：全书八卷，分教孝、教忠、教夫妇之伦、教兄弟之伦、教朋友之伦等"教门"十六类，戒贪、戒淫、戒杀、戒竞等"戒门"十二类。虽然李元度自称在编选时摒弃单纯说教的理学诗，"皆取其含蓄而有馀味者，使读者领取弦外之音"，但内容决定形式，《小学弦歌》中大量的诗篇，都是吟咏吊唁孝子忠臣、贞女烈妇的作品，充斥着《割肝行》、《绝命词》、《烈女操》、《节母诗》等内容，单从目录看就阴森可怖，实在不适合儿童阅读。

三、回归人文主义的启蒙教材

辜鸿铭在自序中附和了李元度的诗教论，也指出《小学弦歌》的问题——"卷帙未免繁夥"，"所选品格词义过于文藻，未易为民间童稚领会"，所谓"过于文藻"，是对那些"少儿不宜"内容的委婉批评。《蒙养弦歌》将对孩子进行诗教的年龄段，从小学提前到蒙学，似乎是对《小学弦歌》的发扬，但从内容看，其实是对《小学弦歌》的"反动"。

辜鸿铭将《蒙养弦歌》的一百首诗分为七类，一为"古歌"，选《大风歌》、《乌孙公主》、《悲歌》（"乐莫乐兮新相知"）、《短歌行》（节录）等十首，多选自沈德潜《古诗源》；二为"古谣歌"，选《古歌》（"上金殿，著玉尊"）、《越谣歌》、《淮南民歌》等古代民谣十首，多出自杜文澜《古谣谚》，后附当时流传的《湖北童谣》（"天上星，烂稀稀"）和《闽省童谣》（"月光光，照池塘"）二首；三为"古诗"，选《客从远方来》、《孔雀东南飞》（只节录十句）、《上山采蘼芜》、《木兰诗》等古诗十首，多为节选，出自《乐府诗集》等书；四为"五言诗"即五言绝句二十首，五为五言诗（长篇）即五言律诗和古诗十首，六为七言诗即七言绝句三十首，七为七言诗（长篇）即七言律诗及古诗十一首，以《兴义学》结束全编。

这些诗歌，与《小学弦歌》可谓大异其趣。辜鸿铭特别重视、放在前面的古诗和古歌谣，都是李元度不屑收录的作品；五言诗和七言诗，多是唐宋人名篇，也有一些明清人作品，如宋凌云《偶成》、无名氏《卖子》、周淑媛《哭先大人》、沈受宏《忆母》等，选自《小学弦歌》。这些诗带有教化色彩，但表达的均是人类正常情感。可以说，在李元度塑造的诗教环境下，辜鸿铭为孩子们选的诗，闪烁着难得的温情光芒。

根据罗振玉记载，辜鸿铭兴办义塾是在庚子年即光绪二十六年（1900），《蒙养弦歌》编成于二十七年八月，他的启蒙教育实践至少延续了一年。现在我们不知道谁听过他的诗歌课，但知道《蒙养弦歌》也曾产生过一点影响。伍蠡甫回忆童年说：

> 我们姊妹兄弟五人在家塾读书时，有一部教材是辜氏编选的《蒙养弦歌》，父亲亲自讲授，反复强调：散文写得自然而无斧凿痕，方有韵致，时常是从声调、节奏中来，在这方面古体诗胜于近体诗，多读多背古诗，文章将会写得流畅，琅琅上口。

伍蠡甫的父亲伍光建，是严复的学生，也是清末民初著名的翻译家。除了都精通英文外，他与辜鸿铭别有渊源：宣统元年（1909），严复、辜鸿铭和伍光建被赏给文科进士，三人算是同年。伍光建用《蒙养弦歌》教育子女，并特别重视古诗，是对辜鸿铭诗教思想和教材的肯定。

如果允许推测，辜鸿铭的诗教思想可能还发挥过更重要的作用。清光绪二十九年（1903），清政府推行癸卯学制，张之洞等负责起草章程，在初等小学、高等小学、中学堂三个章程中，重复了同一篇《中小学堂读古诗歌法》，要求"小学、中学所读之诗歌，可相学生之年齿，选取通行之《古诗源》、《古谣谚》二书，并郭茂倩《乐府诗集》中之雅正铿锵者（其轻佻不庄者勿读），及李白、孟郊、白居易、张籍、杨维桢、李东阳、尤侗诸人之乐府，暨其他名家集中乐府有益风化者读之"。这个读诗法自称秉承王守仁、吕坤的学说，但他们二人并未留下教材、做出示范，倒是张之洞幕中的辜鸿铭此时正提倡诗教，并特别重视"古诗古乐府"——《蒙养弦歌》前几章基本取材于《古诗源》、《古谣谚》和《乐府诗集》三书，与读诗法划定的取材之书相同，并且历朝诗人李白、孟郊、白居易、张籍、杨维桢，也都有作品选入。从这两个高度重合的目录看，《中小学堂读古诗歌法》有可能由辜鸿铭起草，或吸收了他的意见。那样的话，他教蒙学的成绩，要强过教大学了。

附记：

辜鸿铭的生年，向有1856年和1857年两说，各有出处。罗振玉《外务部左丞辜君传》谓"君生于咸丰丙辰，卒于宣统戊辰，得年七十有一"（《辽居乙稿》，"七十有一"应为"七十有三"），咸丰丙辰即1856年。《碑传集补》卷五十三录赵凤昌《国学辜汤生传》，闵尔昌案语谓"杨歒谷撰墓表云：鸿铭年十三游学欧洲，归国已三十。生清咸丰七年丁巳闰五月廿八日，民国十七年三月十一日卒，年七十二"。咸丰七年即1857年。

杨歒谷所记详于月日并载入墓表，自应信从，故近来言辜鸿铭生年者多取1857年。发表于2019年5月15日《中华读书报》的吴思远《辜鸿铭出入北大及生辰考述》，复披露辛酉十二月辜鸿铭自题照相，云"时年六十有五"；汪凤瀛《辜鸿铭先生六十寿序》，内云"岁次丙辰五月二十有八日，为君六十初度之辰"，以及西文报纸数年中对辜鸿铭祝寿活动的报道，均为可证实其生年的确凿材料。惟吴思远未以中国传统计岁法减一岁推算，而径以民国丙辰即1916年减去六十周岁，又忽略了闰月，以为"辜鸿铭的生日是农历一八五六年五月二十八日，即公历1856年6月30日"，结论错误，实属遗憾。

辜鸿铭生于清咸丰七年闰五月二十八日，卒于民国十七年旧历三月十一日，换算成公历，为生于1857年7月19日，卒于1928年4月30日。

章士钊的绰号

胡文辉

之一、"传市方成虎"

章士钊在中国现代史上是个台面上的人物，也是钱锺书的父执辈，但钱对他颇有苛评。

吴忠匡回忆过一个很"钱锺书"的轶事：

> 章行严先生的寓所和中书旧寓处不过一巷之隔，章先生给钱老先生信，问起中书，老先生写信命中书去访候章先生，中书也没有照办。后来，他看到章氏的《柳文指要》，从河南明港干校给我信说："郭章二氏之书，几乎人手一编。吾老不好学，自安寡陋，初未以之遮眼；弟则庶几能得风气，足与多闻后生竞走趋矣。章文差能尽俗，未入流品。胡适妄言唱于前，先君妄语和于后，推重失实，流布丹青，章亦居之勿

疑。"假如"当年遵先君命，今日必后悔"。直情径行，有如此者。（《记钱锺书先生》，牟晓朋、范旭仑编《记钱锺书先生》，大连出版社1995年版；参范旭仑《容安馆品藻录·章士钊》，《万象》第六卷第十期。）

钱锺书未曾尊父嘱去拜谒章士钊，多半出于他"不好诣人"的性格。至于钱氏所谓"郭章二氏之书"，自然是指《李白与杜甫》、《柳文指要》，70年代初期学术界和出版界万马齐喑，这几乎是仅有的两种文史著作，故"几乎人手一编"，正钱氏所谓"朝市之显学必成俗学"者也。

汪荣祖回忆早年拜会钱锺书时也提到：

> 钱先生询及近来作何研究，我答称此行主要研究章太炎，因谓章氏原配系丫头，可见诸章行严之《柳文指要》。又谓此书因毛主席之捧而红，实则文理尚有不通之处。进而言及许多人为其崇拜者所毁，自孔子至鲁迅皆然。（《槐聚心史：钱锺书的自我及其微世界》，第10页，中华书局2020年版）

这里的"因谓……"和"又谓……"，应该都是钱锺书的话。钱氏指摘《柳文指要》"文理尚有不通之处"，似嫌过当，但他对章氏的不满意，由此自可坐实。

还有，承张治君提示，《钱锺书手稿集》里对章氏有更直捷更严厉的指斥，陆灏已有专文指出，有兴趣者可以覆按（《诌佞之鄙》，《不愧三餐》，中信出版集团2018年版）。

这样，就有了钱锺书的一个自相矛盾。

钱氏1938年"代家君"作过一首五律《谢章行严先生书赠横披》，诗云：

> 活国吾犹仰，探囊智有馀。名家坚白论（原注：治逻辑），能事硬黄书。传市方成虎，临渊倘羡鱼。未应闲此手，磨墨墨磨渠。（《槐聚诗存》）

大家知道，照《槐聚诗存序》之言，钱氏自编诗集，去取甚严，不愿求全，以致有"他年必有搜集弃馀，矜诩创获，且凿空索隐，发为弘文，则拙集于若辈冷淡生活，亦不无小补云尔"这种刻薄话；而且还特别提到："本寡交游，而牵率酬应，仍所不免。且多俳谐嘲戏之篇，几于谑虐。代人捉刀，亦复时有。此类先后篇什，概从削弃。"而这首明明是代其父钱基博而作，怎么却成了漏网之鱼？更何况，赠诗的对象还是他看不起的章士钊呢？（当然了，"钱锺书看得起谁啊"！）

似乎只有理解为，钱锺书对自己这篇代笔比较得意，实在不忍当作"弃馀"删掉，遂破例阑入。

那么再来看看这首诗。

起始两句"活国"、"探囊"云云，恭维对方救国有心，济世有术，当然是门面话。第三句"坚白论"，指战国时公孙龙的论题"离坚白"，系哲学史上的著名公案；第四句"硬黄书"，古代指一种蜡纸，质坚而黄，适宜用以临摹勾勒前人法书。"坚白"对"硬黄"，堪称工巧，借以比拟章士钊专长的逻辑学和书法，自然也很贴切。第六句"临渊倘羡鱼"是常典，原出《文子》、《淮南子》，但在此可能是暗用孟浩然的名句"坐观垂钓者，徒有羡鱼情"，表示退出官场的意思。第八句"磨墨墨磨渠"，则是借用苏轼的名句"非人磨墨墨磨人"。这些都不难理解。

值得拈出来细说的，是第五句"传市方成虎"。这一句用的也是常典，即成语"三人成虎"，见《战国策》、《韩非子》、《新序》，一般指谣言反复，以虚为实。这个用典，一定让章士钊觉得很妥帖很受用。章氏一生在政治上介入最深者，在段祺瑞执政府时期：一度兼任司法总长和教育总长，可谓"爬得最高"；后来虽辞去教育总长之职，仍受累于"三一八"惨案（即鲁迅名篇《记念刘和珍君》所起），可谓"跌得最惨"。关于此事，他后来曾对章含之有所解释："有一件事，你大概至今还不清楚这段历史，那就是1926年发生的'三一八'惨案与我并无直接关系。"（章含之《跨过厚厚的大红门》，第328页，文汇出版社2002年版）而钱诗的意思，即谓世人对于章氏行事的种种批评，多因传闻失实而起，自然是搔着对方痒处的。

此外，还有容易忽略的一点，"传市方成虎"的"虎"，也应有特殊指涉——扣紧了章士钊的绰号。

章士钊在北洋时代，人称"老虎总长"。此系传于众口的掌故，言者甚繁，现仅据手头资料列举若干：

> 段合肥任执政，慕章才名，征以为司法总长；时陈独秀胡适之，方提倡白话文，男女同学，性道德解放，又承五四五卅两大运动之后，学生界号为多事，名贤长德，相顾嗟惜，而莫敢谁何。独章悍然抨击之，议论雄快，当者披靡。又以寅年于十二支属虎，遂获"老虎总长"之雅誉！段亦喜其勇，乃令兼署教育总长。谓章必能整顿学风也。然卒酿成三一八枪击请愿学生多人之惨变！章亦因过于操切解职，不竟厥施，时人或惋惜之！（坦荡荡斋主《现代中国名人外史》。此据车吉心主编《民国轶事》，第六卷第2428页，泰山出版社2004年版）

> 民国十四五年间，合肥段祺瑞在北京开府，称执政，士钊长司法、教育等部，《甲寅》杂志再发刊，寅在肖为虎，于是士钊有老虎总长之称。（任友安《鹧鸪忆旧词》，第130页，香港天文台报社1990年版）

> 在民十三四年段祺瑞执政府时代，章士钊是红极一时的人物，曾身兼司法教育两个总长，"三一八"血案，他是遭受指摘的人，犹之乎"五四"运动时曹、章、陆一般，他的寓所曾被学生捣毁，报上时有笑骂

他的文章。因为他办有一个《甲寅》杂志（《甲寅》杂志创刊于民国三年，那年是岁在甲寅故名云），寅是十二生肖中的虎，所以给他一个"老虎总长"的浑号。（胡遯园〔耐安〕《贤不肖列传·章士钊》，台湾文星书店1966年版）

1939年，我在重庆中央工业专科学校土木系教书时，奉父命往谒先生，貌极和易，温语良久。临别时，我笑谓先生，往憾于老伯老虎总长威名，颇有畏见之感，今尽释矣。缘因先生主办之《甲寅杂志》，以虎象为封面，而先生任北洋政府司法总长、教育总长时，颇能革除陋习，不受干谒，办事公严，时人遂以"老虎总长"称之。（陈云章《忆章士钊先生》，马积高主编《湖湘文史丛谈》，湖南大学出版社2001年版）

还有稍有变化的例子：

《甲寅》杂志封面刊有虎标，"虎"俗称是大虫，故章当时以"章大虫"驰名。（许金城辑《民国野史》，此据《民国轶事》，第三卷第1107页）

章士钊执掌教育部之所为，大者是压抑学生运动，小者包括罢黜鲁迅职位，而鲁迅遂与之对簿公堂，这是老话了。此后鲁迅对章氏当然没什么好话，私下谈到他时，也径以"老虎"戏称之：

《甲寅》创刊号

老虎没有办法：下了冷口。

这是意料中事，不过为着揭穿老虎的假面目，我要起诉。律师只能为富人争财产；为思想界争真理，还得我们自己动手。（尚钺《怀念鲁迅先生》。此据吴作桥、吴东范、吴虹贤编《再读鲁迅——鲁迅私下谈话录》，时代文艺出版社2005年版，第24—25页）

人家说我在打落水狗，但我却以为在打枪伤老虎，在扮演周处或武松。（陈子善、王自立编注《郁达夫忆鲁迅》。此据《再读鲁迅——鲁迅私下谈话录》，第25页）

据此，我觉得可以肯定，"传市方成虎"既用了"三人成虎"的古典，也用了"老虎总长"的今典，一语双关，妙手偶得，正应了陈寅恪所说的："诗若不是有两个意思，便不是好诗。"（黄萱《怀念陈寅恪教授》，《追忆陈寅恪》，社会科学文献出版社1999年版）难怪此诗虽涉"俳谐嘲戏"，钱锺书也仍不愿置于"概从削弃"之列了。

而章士钊本人对这个"梗"自然心知肚明，恐怕也一肚子闷气吧。事实上，他也明确地回应过，有1941年游桂林时的《永遇乐·北大同学招饮市楼用稼轩词韵》词为证：

> 二十年来，重重师友，都无寻处。不合时宜，肚皮放大，出入由他去。偶然杯酒，宛然秋水，尔我书生如故。只当年，愿持风气，世间妄道如虎。　诸君无恙，沙滩笼月，醉后尚堪回顾。一脉狂泉，几番钩党，彼是纷难主。吾今老矣，旧曲中郎，只许墙阴摇鼓。未须问，先生那里，作冯妇否？（《长沙章先生词稿》，《章士钊全集》第七卷，文汇出版社2000年版；陈书良编校《章士钊诗词集》第二辑，湖南人民出版社2009年版）

此词大抵是抚今追昔之意。其中上阕末尾"只当年，愿持风气，世间妄道如虎"数句，显然是夫子自道，而"世间妄道如虎"的"虎"，自然也即钱诗"传市方成虎"的"虎"了。

之二、《真谈虎集》

章氏1973年在香港去世后，其故友张申府有过一点评论：

　　行严先生显著的大缺点之一，即是用的亲信人不当。一个最显著的例子，即是民十四、五时女师大事件，从此乃造成了他人"谈虎"的材料！……（《我所认识的章行严先生·整理者附记》，《张申府文集》第三卷，河北人民出版社2005年版）

在此，张申府应该是顺手借用了周作人散文集《谈虎集》的书名，来隐指"老虎总长"的旧事，可以说兼用了两个今典。

　　这就触发了我的疑问，周作人的"谈虎"又是怎样来的呢？检《谈龙谈虎集序》，此文写于1927年，有这样一段交待：

　　《谈虎集》里所收的是关于一切人事的评论……古人云，谈虎色变，遇见过老虎的人听到谈虎固然害怕，就是没有遇见过的谈到老虎也难免心惊，因为老虎实在是可怕的东西，原是不可轻易谈得的。我这些小文，大抵有点得罪人得罪社会，觉得好像是踏了老虎尾巴，私心不免惴惴，大有色变之虑，这是我所以集名谈虎之由来，此外别无深意。

只从这些话看去，一开始我觉得，"谈虎集"的命名跟章士钊应扯不上直接的关系。稍后承宋希於提供《谈虎集》电子版，再重新细读周序，又注意到周氏下文还提到，他本来有意编一本《真谈虎集》：

> 这一类的文字总数大约在二百篇以上，但是有一
> 部分经我删去了，小半是过了时的，大半是涉及个人
> 的议论，我也曾想拿来另编一集，可以表表在"文坛"
> 上的一点战功，但随即打消了这个念头。因为我的绅
> 士气（我原是一个中庸主义者）到底还是颇深，觉得
> 这样做未免太自轻贱，所以决意模仿孔仲尼笔削的故
> 事，而曾经广告过的《真谈虎集》于是也成为有目无
> 书了。……《真谈虎集》的图案本来早已想好，就借
> 用后《甲寅》的那个木铎里黄毛大虫，现在计画虽已
> 中止，这个巧妙的移用法总觉得很想的不错，废弃了
> 也未免稍可惜。

这明明提到《甲寅》杂志封面的"黄毛大虫"，则"谈虎集"
的命名，还真不能说跟章士钊毫无干系呢。

还不仅如此。又承宋希於提示，新版《周作人集外文
(1904-1945)》（陈子善、赵国忠编，上海人民出版社2020
年版）涉及章氏的内容甚夥，以"老虎"、"大虫"影射其
人者亦不少。说起来，旧版《周作人集外文》（陈子善、张
铁荣编，海南国际新闻出版中心1995年版）我是有的，也
曾略略翻检，但经久已无印象。今据新版《周作人集外文》
重检一过，果然发现章士钊的影子触处皆是。

简单说，周、章两人的交涉史是这样的：约1925年年初，周作人作为兼职教师卷入"女师大风潮"，支持学生驱逐女师大（国立北京女子师范大学）校长杨荫榆；稍后章士钊就任教育部长，表态支持杨荫榆，并主张整顿学风，禁止学生运动，后来更与北京大学方面发生矛盾。这一时期，周作人集矢于章氏，毒舌文字连篇累牍。由于陈源在舆论上支持章氏，周转而攻讦陈源，遂又引出他与《现代评论》群体之间的一场文坛公案。

据我粗略翻检，在1925-1927年间，周作人提及章氏的长短文章当有六十篇以上，专门针对的大约有：《非逻辑》、《论章教长之举措》、《古文之末路》、《女师大改革论》、《老虎报质疑——"愚问"之三》、《与友人论章杨书》、《忠厚的胡博士》、《言论界之分野》、《章士钊是什么》、《失题》、《大虫不死》、《论并非文人相轻》、《怀孤桐先生》。

试举最典型的几例。

《老虎报质疑——"愚问"之三》有云：

客问主人曰，子知所谓老虎报乎，是章秋桐教长之所主笔也？主人曰，唯唯否否，予见朱子大枬之文，而未敢信也。岂有以秋桐君之笃古好雅而刊报者乎？客徐曰，信。袖出二小册，卷头赫然画一黄虎，下题夷字曰特泰格。予曰，噫嘻，异哉，秋桐君之谨严雅正而有是失也！考古人云苛政猛于虎，《简明牛津字典》释泰格一字云，一为亚洲斑纹猫属大兽，即虎；
二为放荡之暴汉，案即中国所谓虎而冠者；三为陪乘
之马丁。今以是名其周刊，不知三者之中于义奚取
乎？……更有进者，《甲寅》启事二云，文字须求雅驯，
白话恕不刊布，秋桐君之耻与引车卖浆之徒同其文字
固已明白宣示矣，今乃用此夷人之白话以标题其杂志，
则又何也？……

这是直接踩《甲寅周刊》的，贬之曰"老虎报"。以后周将
《现代评论》称作"白话老虎报"，将挺章的报刊称为"各
色老虎报"，即由此而来。又《忠厚的胡博士》云：

> ……章士钊的"这只大虫"奉天承运而生，禁止
> 白话，取缔思想，着着进行，不啻在我的豫言书的背
> 面签上了字了。这个"大虫运动"决不是一个人的荒
> 谬行为，正如吴稚晖先生在来今雨轩席上所说，乃是
> 代表大部分恶势力发言，我们不能轻轻看过。

又《言论界之分野》云：

> 有章士钊者，于乙丑年，发行《甲寅周刊》（英
> 文名为"那老虎"），以不通之古文，唱复古之谬论。
> 章士钊者又即今之革命政府之教育总长也，于是四方

无耻之徒倏忽啸聚，为势奔然，竟以得列名通信为荣，那老虎遂不胫而走，风行于京师首善之区等。然而市虎讹言，犹足以骇人听闻。……列位不要把那老虎运动当作一件小事，这实在要比五四时的荆生运动更危险可怕，因为那时的清室孝廉林纾并没有实权在手。我未必赞成某君之说，以为章士钊迫压爱国运动，有帝国主义的势力在他后面。但我相信章士钊提倡那老虎主义的确为帝国主义者所喜欢，是他们忠臣……

这里又将章士钊夸大为一种强大的政治势力，戏称为"大虫运动"、"那老虎运动"、"那老虎主义"。

等到章士钊下台后，周作人一度主张"费厄泼赖"，停止攻击章氏个人，但只是作了一点姿态，实际上照样跟乃兄一般"痛打落水狗"。可举其《大虫不死》为证：

自从章士钊忽然不见之后，有些有绅士气的乱党忽然挂出不打死老虎的招牌，老将吴稚晖更进一步而赋得章士钊，略迹原情，加以谅解，大有盖棺论定之概。……但是老虎何尝死呢，大愚固然还做着甲寅社主，而且虎子虎孙散满全国，正在生聚教训，将来发达当无限量。章士钊决不是孤生独立的，他是中国恶劣旧势力的代表，他的背后有成千成万的坏人挨挤着，推着，他一个人偶然倒了，他背后的那些"卯部"，多数的无名之老虎是不会倒的，所以他这个大虫是一个不死的，至少也是死而不僵的虫。

从这些批章文字来看，数量既繁，言辞尤烈，可以说周作人一度是将章氏作为头号靶子的。那么，回过头看《谈龙谈虎集序》，里面所说那个"大半是涉及个人的议论，我也曾想拿来另编一集"的计划，即那本《真谈虎集》，我相信就是专为"老虎总长"度身订制的——他打算将《甲寅》封面的老虎借为己用，且自鸣得意，其故在此。《真谈虎集》既是直接针对"那老虎"的，那么，《谈虎集》也可说是间接地影射了"那老虎"吧。这样的话，《谈龙集》、《谈虎集》两编，"谈龙"有清人赵执信《谈龙录》的前例，可算古典，而"谈虎"就得落实到《甲寅》周刊，可算今典了。

写到这，需要说明，《真谈虎集》的用意，倪墨炎其实早已指出，我只是"发明了雨伞"而已。不过，倪先生以为："所谓'涉及个人议论'，是指与现代评论派的论争。……因论争是从褒贬章士钊的所作所为开始的。"（《苦雨斋主人周作人》，上海人民出版社2003年版，第268-269页）恐怕未必准确。此外，倪先生说周作人取消出《真谈虎集》的计划，是由于"涉及个人议论"，而陈源出《西滢闲话》不收与周作人论辩的文字，则是"盖自知不佳也"（《苦雨斋主人周作人》，第224页），这不免有点双重标准。

周作人的这些"弦箭文章"，他由《甲寅》封面引出的

"老虎"、"大虫"这些谑称，足以让我们感受到当时舆论现场的火药味，也让我们更能明了"老虎总长"这个绰号的由来，以及这个绰号里所积淀的政治尘埃。

附带说一下，今日周作人给世人留下的印象，是所谓"冲淡"。但他的"冲淡"，大抵是30年代后的事，在20年代，他不但不"冲淡"，较之鲁迅"一个都不宽恕"的作风亦不逊色。从历史背景观察，20年代仍是北洋政府的天下，周作人是反北洋的，在舆论上是充当了批判者的角色；至30年代，北洋已为国民党政权取而代之，但政治的残酷与黑暗更甚，而周作人自己却成为左翼的靶子，是被批判者的角色了。苦雨庵一变而为"冲淡"，这就是一大根源吧。此真可谓"请看剃头者，人亦剃其头"了！

至于50年代以后，周作人则并存着两个面相：他大骂"傅大胖子"是蒋介石的帮凶（《新潮的泡沫》），那是早年周作人的还魂，是他不"冲淡"的时候；与此对照，他回忆女师大事件时，对"章行严"只是一笔带过（《知堂回想录》第一四五则），就是他"冲淡"的时候了——那个时候，章士钊可是中南海的座上客呀。

还有，宋希於告知，周作人回忆"三一八"事件时曾提起过《真谈虎集》：

> 当时也曾写过些文章，正面的来说愤慨的话，自谴责以至恶骂，如在《京报》上登载的《恕陈源》等，

本来想收集拢来归入《真谈虎集》内的，但是不晓得怎么一来，不曾实行，而且把目录也遗失了，或者是绅士鬼临时执政的时候所决定的吧。（《知堂回想录》第一四九则。参止庵《知堂佚著考》，《藏书家》第14辑，齐鲁书社2008年版）

这里完全不提"那老虎"的旧事，也是"冲淡"得可以。

周作人的"冲淡"，相当程度上是自我营造出来的文化形象，具体来说，跟他自编文集的策略有很大关系。他那些"金刚怒目"的文章，大都弃之集外，《真谈虎集》即是如此。《真谈虎集》是一部"佚著"，是一部"失落之书"，但跟鲁迅只起过念头的小说《杨贵妃》不同，跟钱锺书丢失的小说《百合心》也不同，其文字俱存，就散落在《周作人集外文》里。假若我们将《集外文》里批章的文字梳理集中起来，大体尚能"复原"《真谈虎集》的面目。只是那样一来，周作人的"冲淡"形象恐怕要为之动摇的吧。

——从此角度，钱锺书万分不情愿出全集，就很容易理解了。

《多馀的话》馀话

——"雪华"的故事

宋希於

一

1935年6月18日，瞿秋白遇害于福建长汀，他在狱中曾写有《多馀的话》的消息旋由报章杂志披露出来。瞿临刑前对来访者述及此稿，说是"甚想有机会能使之出版，但不知可否得邀准许"（李克长《瞿秋白访问记》，原载《国闻周报》第十二卷第二十六期，1935年7月8日出版），可惜如何出版已不能以他的意志为转移了。

是年8月起，上海的《社会新闻》杂志最先分三期（第十二卷第六、七、八期，1935年8月21日、9月1日、9月11日出版）"特载"出《共魁瞿秋白的〈多馀的话〉》。文前按语说，因有不少内容"尚不宜完全披露"，故只摘录了《历史的误会》、《"文人"》、《"告别"》三节。过去有人说《社会新闻》是"中统主办"的什么"机关刊物",仿佛特殊衙门里的秘密读物,但中统这时候还没成立呢。这个杂志实由新光书局公开出版,销量不低,确有CC派的背景,反共味道浓厚。茅盾曾回忆,当时伙伴们看了它摘登的《多馀的话》,就都不相信其真实性:"因为《社会新闻》是专门造谣诬蔑左翼人士的刊物,他造的谣言可以车载斗量。有一次我无意中提到这件事,鲁迅冷笑一声道:'他们不在秋白身上造点谣,就当不成走狗了,实在卑鄙!'"(《一九三五年记事》,收入《茅盾全集》第三十六卷"回忆录二集",黄山书社2014年3月版)

　　1937年春,《多馀的话》的全文突然在简又文、陆丹林主办的《逸经》文史半月刊上分三期连载出来(第二十五、二十六、二十七期,1937年3月5日、3月20日、4月5日出版),署"瞿秋白遗著　雪华录寄"。首次刊登时,还冠有"雪华"写于"廿六年元月十日"的长达三页的引言。除了介绍瞿秋白生平和临刑前情况,"雪华"还有不少感慨,说是读了《多馀的话》,"无论何人,特别是我们这辈'身经沧桑'的小资产阶级型的所谓'文人',当不能不催下同情之泪",还接着瞿秋白的话说:"这岂只是'历史的误会'?实在要算是时代的悲剧。"

　　《逸经》此次全文刊发《多馀的话》影响极大。茅盾就说这回刊载才真正引起了左翼人士的注意,因为《逸经》既不是左翼刊物也不是国民党的刊物,"这就引来了一阵喊喳声"（《一九三五年记事》）。由此引起文章被多次重刊，再启有关真伪的疑云，为"文革"初期"讨瞿"的轩然大波埋下伏笔，再到瞿秋白最终艰难平反……引起的论争之久、风波之大，不必我尽述了。

二

"雪华"能获取这么重要的文献，真是神通广大。他是什么人？这很值得注意。这个笔名在《逸经》上仅用于录寄《多馀的话》，《逸经》第二十五期上主办者陆丹林所写的卷首语《逸话》也只说："我们承雪华先生设法把瞿氏在狱中最后所著的《多馀的话》寄来发表，并加引言……"当时未再多言。

直到抗战胜利后的1946年1月2日，《申报》的"春秋"副刊发表陆丹林的回忆文章《故人》，才提到：

> 在寒风萧瑟、冷风凄其的马路上，突然有人骑了一匹白马驰骋着。因着这匹马的毛色是白的，不禁想起故友杨幸之在川鄂途中的白马地方覆车丧命的惨剧。
>
> 杨幸之，是一个忠于职事、待人热诚、前途有为的青年。十年前，他在《申报》服务，抗战军兴，他便奋然从戎了。
>
> 记得我主编《逸经》文史半月刊的时候，他在

军中写了许多战事的珍闻逸事，尤其是瞿秋白绝笔的《多馀的话》，也是由他将原稿寄给我发表的。这篇稿子，许多刊物都多方设法的找寻无着，他竟把全稿且加了一段很详细的叙述，写在文前，给读者一个明确的参考。

至此方揭破谜底：原来"雪华"叫杨幸之，此时已逝世。

又过了二十多年，另一位主办者简又文回忆《逸经》时又谈及：

关于共党人物、事迹与文章，我们尚有其他的多篇。来稿最多的是杨幸之，多署笔名"柳云"（也〔也有？〕与共党无关的）。他原是在福建某军任政治工作员，身预剿共之役，所以资料是直接源头，可信可宝。他最大的收获是共党首领瞿秋白在闽被捕受死刑前，于狱中自写一长篇《多馀的话》——实是"忏悔录"。杨君钞得一份，改用"雪华"笔名最初录寄《宇宙风》。讵料该刊主办人陶亢德不敢刊出。我一闻其事，即尽力争取，卒落在我们手中，即分期发表（十七期以下）一字不易。这又是一篇大有文献价值的文章，耸动文艺界、史学界多年。（《宦海飘流二十年》〔五〕，原载《传记文学》第二十三卷第二期，总第135期，1973年8月出版；后收入《西北从军记》，台

湾传记文学出版社1982年5月版)

陆丹林的文章过去我未见有人征引。大陆上谈及"雪华录寄"这一关节的文章，多转贩自简又文的话。

关于简又文所言"雪华"曾将《多馀的话》录寄《宇宙风》而陶亢德不敢刊发的说法，我曾向陶亢德之女陶洁老师求证。陶老师说："那时候红卫兵的小报曾发过一条消息，说当年有人把《多馀的话》拿给我父亲，希望能在《宇宙风》上发表，但他拒绝了。我问他是否有这件事，他说有的。我问他为什么拒绝，他说他不想卷入政治，不想跟党派发生关系。"附记于此，以备参考。

三

以我所见，提到杨幸之的文章里有两篇较有信息量：一是何济翔的《陈彬龢与〈申报〉社论》（原载《文坛杂忆》卷八，1992年自印本；又收入《文坛杂忆全编》第二册，上海书店出版社2015年5月版），谈了1932年左右杨幸之为陈彬龢代笔作《申报》社论的事；二是散木的《国民党"笔杆子"杨幸之二三事》（原载《南方都市报》2013年10月9日），从杨幸之30年代的论政文字、对中共人物的研究及录寄《多馀的话》三个方面对他做了介绍。

此外，我还可以做一些补充。

杨幸之是湖南人。《岳阳籍原国民党军政人物录》（《岳阳文史》第十辑，湖南省岳阳市政协文史资料委员会编，刘美炎主编，1999年8月版）载有他的小传：

杨幸之

（1906－1940）

杨幸之，今临湘市聂市镇荆竹山人。中山大学毕业后参加北伐，不久赴上海任《申报》编辑，显露才华，受到国民党中一些人士赏识。1933年经人介绍，调任国民党十八军罗卓英部任秘书，1937年"八一三"事变后升任秘书处长，旋入武昌南湖高级政训团受训，结业后任十九集团军（总司令罗卓英）总部少将政治特派员。1940年10月调任第六战区政治部少将副主任，赴任湖北恩施途中，经南川响水洞，车覆殒命，年34岁。

简又文说杨幸之"在福建某军任政治工作员，身预剿共之役"，与小传对看，此军显指罗卓英任军长的第十八军。检台湾出版的《罗卓英先生年谱》（罗镝楼编撰，罗伟郎1995年3月自印），果有这样的记述："昔在赣围剿赤匪，颇礼聘文人入幕，以佐文牍。如褚问鹃、杨幸之等，雄文健笔，才思清捷，一时之隽秀。"红军主力长征之后，罗卓英率部对中央苏区留守红军进行了"清剿"。杨幸之在此时得以传抄《多馀的话》文本，是顺理成章的。

不仅如此，1937年率上海劳动妇女战地服务团赴第十八军从事战地服务的女共产党员胡兰畦晚年也回忆过杨幸之。《胡兰畦回忆录（1901-1994）》（四川人民出版社1995年5月版）如是说：

> 十八军军部的杨幸之，大革命时期是共产党员。一九二七年国共分裂后，他流落到江西，在我们组织的革命行动委员会（中国农工民主党前身）中负责宣传工作。和我们一道办《平民日报》时，仍热烈拥护孙中山先生的"联俄、联共、扶助农工"的三大政策。在上海，他也曾与左联有工作关系。邓演达回国时，陈诚曾表示赞成邓的主张，因此，革命行动委员会中的一些人就被安插进了陈诚的军队之中。十八军是陈诚的基本队伍，杨幸之在十八军军部当秘书，就是这个原因。我这次敢于带一班女孩子到这个国民党军队中来工作，原因之一也是因为有杨幸之在那里，比较放心。但不久才知道，我原先的估计完全错了。

趁胡兰畦不在的时候，杨幸之召集服务团开了一次漫谈会，摸清了所有团员的政治底细，这使她大为生气。后来在随军西撤的路途中，杨幸之更是多次以"心怀鬼胎"的反面形象出现在胡兰畦笔下。但胡兰畦的回忆中最引起我注意的，还是关于杨幸之身份的揭秘——原来他是大革命时期的中共党员！

杨幸之自己曾经写过一篇《换上灰衣》，副标题叫作"不算自传之一"（原载《黄钟》第八卷第一期，1936年2月15日出版）。这篇不算自传的自传甚至被杂志编者列在"小说"一栏，但揆诸细节，所述应该都是实情。文中不谈自己的思想变迁，却袒露了这样的心路历程：

> 我第一次投入军中，地点是在武汉，时间是在所谓"大革命"后的一年，那时我只有二十岁，还不懂得人间世的辛酸苦辣，可是环境却逼得我走头〔投〕无路，四顾茫茫，好像被投入了渺无人烟的大荒。

大革命后"四顾茫茫"的心态，与"中共党员说"这个孤证很吻合。《岳阳籍原国民党军政人物录》还载有杨幸之夫人周静芷（1911-1988）的小传，恰恰提及她"大革命时期曾参加中共地下党组织，并在岳阳妇女协会工作近一年。大革命失败后，因白色恐怖而外出，不久即叛党"，并与杨幸之结婚。这正是同一时期的事。论者早已指出，杨幸之后来在30年代初做了时为左派的《申报》陈彬龢的秘书，此后除了曾给胡风介绍工作，又大力批判军阀和帝国主义，还比较过资本主义和社会主义模型，呼吁过"彻底改革社会制度"。把材料结合起来看，杨幸之20年代末到

30年代初正式从军时的思想脉络就清晰多了。

别忘了杨幸之1937年还给《多馀的话》写过引言。回看引言里的重要部分：

> 我之所以说这是时代的悲剧，并不只是有感于瞿秋白个人的遭遇，想想罢，从一九二六年起到现在（就说到现在为止罢），在"时代"的巨掌里，真不知攫入了多少青年冤魂。一九二六年的伟大的浪潮平地卷来，成千成万的青年便立刻被卷进了漩涡，其中当然有不少的人是具有确实的认识坚定的信仰和生死以之的精神，并不是盲从附和，但，——青年朋友们，请原谅我，并不是故意污蔑你们，——最大多数的人还只是一知半解，或不知不解，甚至只是趋时髦，赶热闹，凭着一股纯洁的、冲动的青年热情，和深恐为时代抛弃的虚荣心理，不自主地朝着时代浪潮的漩涡里跳。天知道，在我们之中，至少还有多数的人连自己的日常生活还不知道怎样处置，却仍要霸蛮来充领导社会的火车头；事情可并没有这样顺利，忽然又是几阵暴风雨，昨夜的"前进的战士"，在今天便变为"人类的蟊贼"，有的被送进监狱，有的被送上断头台，有的被迫而亡命四方，他们自始至终，都不知是为了什么，更谈不到什么"意识"与"怎样克服自己"，然而他们残酷的遭遇却是千真万确的事实，这才

真是"一场噩梦",真是"历史的误会"!瞿秋白的遭遇,也就正是那些被时代牺牲了的成千上万的青年们的遭遇,所不同的是瞿在临死之前,还能最后自觉的说明这是"历史的误会",而那些被牺牲了的青年们却终始是混混噩噩,是自己误会了历史?是历史误会了自己?至死是莫名其妙。呵,伟大的时代!伟大的悲剧!

有人说,瞿秋白这篇《多馀的话》,实在不是"多馀"的,他在字里行间,充分地流露了求生之意;这对于共产党,要算是一桩坍台的事。我觉得像瞿秋白这样历尽沧桑的人,到了如此地步,对死生还不能参透,是不会有的事,我们不应从这方面去误解他。他何尝不可以慷慨就死?沽得一个倔强到底的"烈士""芳名",然而他仍要在生命的最后一刹那供出自己的虚伪,揭破自己的假面具,这便是"文人"之所以为"文人"。……一言以蔽之,他本是一个十足的小布尔乔亚,十年来,他戴着石臼做戏,有苦无处诉说,在绝灭的前夜,怎肯放弃最后诉说的机会呢?

既已明白了历史过往,就会发现杨幸之在引言中所写绝非无根之谈,而是"过来人"的有感而发。"从戎而不投笔"(《换上灰衣》中语)几年后,这时他的自我定位已变为"'身经沧桑'的小资产阶级型的所谓'文人'",他"并不只是有感于瞿秋白个人的遭遇",恐怕恰恰也有感于自己的遭遇。他能指出"像瞿秋白这样历尽沧桑的人，到了如此地步，对死生还不能参透，是不会有的事，我们不应从这方面去误解他"，更不是偶然的。

有论者曾惊异于杨幸之的思想，觉得"一个参与'剿共'的国民党军官居然在话语上与'赤区'的'共匪'有了相同性，这是多么的奇妙"（散木语），此谜至此也就解开了——他哪里只是单纯的国民党文职干部，分明是个值得研究的"转向者"标本！

四

这位"转向者"没来得及留下属于自己的"多余的话"，1940年10月，他即因车祸殉职。据当时负责率领第六战区长官部人员辎重车队的邱行湘晚年回忆，在重庆去恩施的路上，为了行车安全，每辆车都安排了车长，专载政治部直属音干班毕业生二十余人的大车"由刚发表的六战区政治部少将副主任杨幸之率领"。没想到车队出四川南川（今重庆南川）东行，越白马岭下白马坡时，杨幸之率领的车辆就翻进了山沟，车上人员无一幸存。（见邱行湘《漫忆鄂西》，原载《湖北文史资料》总第十四辑，政协湖北省委员会文史资料委员会编，1986年4月出版）

消息传来，除了零星的悼文和诔辞（吴涵真《敬悼蒋鉴杨幸之》，原载《国讯》旬刊第二五一期，1940年10月

25日出版；罗卓英《诔杨幸之同志》，收入《呼江吸海楼诗》，不署出版时间，卷末附记写于1948年7月），杨幸之的名字很快就在抗战的洪流中被遗忘。

杨幸之留下的文字不多。除了为《申报》捉刀作社论，1933年左右他为《申报·自由谈》所写的也多是涉及现实的杂文。后来他给陆丹林主办的《逸经》和《大风》撰稿，则是写些红区见闻或红军歌谣之类的题材。在陆丹林的回忆中，抗日战争全面爆发后的杨幸之是这样的形象：

> 他说他本人原是弄笔杆的人，平日都是舞文弄墨，今次参加民族对外的伟大战争，所见所闻所亲历的事很多。将来辑述成书，也是非常的有意义的。他每见我一次，必说，抗战材料又得了许多。我极力的鼓舞他去完成这部富有历史真实性的杰作。（《故人》）

可见杨幸之颇有记录时代的远大抱负。惜乎天不假其年，我们无缘进一步了解他的见闻了。然而略窥他人生历程的侧面，对于我们了解那个时代还不无裨益，因写在这里，作为《多馀的话》的馀话。

周馥与袁世凯赴朝鲜始末及其他

孟繁之

一

过去大家谈袁世凯之赴朝鲜，大多认为系与吴长庆及
"庆军"有关。费行简《近现代名人小传》（北京图书馆出
版社2003年版）即谓："光绪壬午（1882），从吴长庆征朝
鲜叛党，以功擢同知，留戍朝。后归谒鸿章，论朝之政局
地势，语皆中窍，异其才，奏派充驻朝鲜商务委员。"唐德
刚《晚清七十年》（台湾远流出版事业公司1998年版）也
说："袁的寿命虽短，而影响甚大，并且一生事业，阶段分
明。他在二十二岁以前，和洪秀全、胡传（胡适的父亲）、
康有为少年时期一样，科场失意；屡考不中，可说是个落
泊少年。可是在二十二岁投军之后，正值朝鲜多事。翌年
他跟随吴长庆的'庆军'，东渡援韩，迅即脱颖而出。年未

三十，他已变成清廷派驻朝鲜的最高负责官吏。"就连袁的女儿袁静雪1963年所写《我的父亲袁世凯》（收入全国《文史资料选辑》第七十四辑，文史资料出版社1981年版）亦说："我父亲径直到了山东登州，向吴长庆投效。那时候他已经是二十二岁。……过了不久，朝鲜发生内乱，清廷于光绪八年（1882）派吴长庆率领全军入朝。我父亲也随军前往。从此，他就前后在朝鲜住了十二年。"从这些记述，结合袁氏的履历，均可知身往朝鲜，对于袁世凯是其一生最最关键的时光，假如没有这段经历，其个人历史，晚清、民初的诸多历史，可能都要改写。

好几年前，笔者无意中注意到"燕行录"里署名金允植的《领选日记》（收入复旦大学文史研究院、成均馆大学东亚学术院大东文化研究院合编《韩国汉文燕行文献选编》第三十册，复旦大学出版社2011年版），内中有"周玉山谈草"多处，并有涉及袁世凯最初往赴朝鲜的一则材料。按金允植（김윤식，1835-1922）为朝鲜近代史上有一定影响的政治家、思想家、文学家，1881年11月17日（中历九月廿六），他受当时朝鲜李氏朝廷委派为"领选使"，率领一支包括三十八名学徒和工匠在内的大规模使团往访中国。该使团于1882年1月25日（一八八一年腊月初六）抵达天津，其后这批工匠和学徒被分别安排在天津机器制造局的东、南两局，学习各种机器制造技术特别是军械制造技术，意图通过学习交流，储备人才技术，以促使朝鲜

"武备自强"。该使团于1882年12月9日（十月廿九）被朝鲜最高召回，前后在中国凡近一年时光。《领选日记》即金允植此次来华的奉使日记，举凡与中国各大员之见面谈话，及在京、津行事，包括晤见谁谁之印象，皆笔之于书，巨细靡遗，文笔形象生动，是今天研究晚清史、中朝关系史及晚清人物史的重要史料。"周玉山谈草"多涉当时政治、外交及朝鲜境内上下情况，今姑不赘，其谈及袁世凯者，如光绪八年（1882）七月初二日记：

初二日，阴，微雨。……九点钟往别周玉山，袁子久观察亦在座，言此次其从侄名袁世凯亦从军云。玉山裁书招商局黄老爷处及丁军门付余，盖托以余乘船事也，临别叮嘱殷勤。遂起向紫竹林，招商局唐景星病不能见，黄老爷不在，有李四爷者亦管商务，替主人相接，送入码头，导余乘船。船名"日新"，即商船也，长五十五步，广七步。方载竹木、芦席、绳索等物，极其纷扰。问之，皆运出我国为兵士屯扎之具也。芦席二万领，他皆称是。又载砖极多，如山积，未知何用。又载银子不少，似是饷银也。余及朴甥、柳医、安赵两生、郑麟兴、奴子三名共坐船，东、南局学徒来辞而去。夕，袁世凯来登船，与茅延年对榻起居，邀余共会，张灯叙话。袁世凯号慰廷，年二十四，十八登科，官中书舍人。其诸叔多登科，历翰林，祖先亦有勋阀云。为人乐易，年少丰俊，有壮志。自言少不喜读书，留心兵事。仆从数十人，皆武艺精熟，谨受节制。论我国事亦通达无碍，令人惊叹。书示曰："吾欲提劲旅数百，直入京城，何如？"余曰："未为不可。到仁川后，观机酌行恐好。"见其头发半白，问其故，答曰："弟少孤，有志四方，游历天下，偶得失血之证，以致早白。"余曰："正当邓画麟阁之年，已有潘毛彪斑之叹。发短心长，壮气不磨，正复早白，何伤？犹愿随时保啬，为国自爱。"袁称谢。茅延年号少笙，年三十三，顺天府大兴县人，即北京人也。官四品衔，补用通判。为人精明，动止安详。与之言，亦晓时务、军机，随军东出者也。亥刻，唐景星观察来见而去，送馈酒饭。余已吃饭，袁、茅二人亦不能吃，但啖果而已。余所住房子湫隘，袁君挽与同宿，遂宿右边耳房，精洁堪睡。

"魏廷"当作慰庭，袁氏字也，号则为容庵。玉山为周馥之字，袁子久即袁保龄，袁世凯从叔。金允植此次别后，曾几度重来，周馥《玉山诗集》（民国十一年孟春秋浦周氏校刻本）卷四有《答朝鲜金云养》，云：

公年八十三，我年八十一。别离三十载，问讯无传驲。昨朝奉书翰，惊喜不可述。高情与古谊，字里

纷流溢。更遗参一匣，助我扶老疾。拜嘉感且愧，琼
瑶照我室。我衰百无能，养疴守衡泌。世事风霆翻，
跧伏犹惕栗。譬若天地变，顽石犹存质。缅想壮年事，
梦幻邈然失。天涯隔山斗，会面安可必。千里海茫茫，
惟瞻日东出。皇天辅善人，黄耇履贞吉。愿保松柏姿，
年年富华实。

并作题注："名允植。光绪初年，金任朝鲜参判，曾领生徒
至天津，入兵器厂习艺。后复以事来往数次。博学能文，
老成人也。"以上《领选日记》这一段，读来生动如见，当
非向壁虚造。此言袁世凯最初往赴朝鲜景况，显然非系随
大军一道经鸭绿江前往，而是独自带着亲随，乘船走海。

　　走笔至此，也让笔者想起过去周景良先生说过的一句
话来："周馥去世时，他的女婿、袁世凯的第八子袁克轸送
的挽联说：'识英雄于未遇，说来真古道所稀，数吾父知音
惟公最早；略辈行为婚姻，犹及见孤儿成立，痛老人聪训
此后无闻。'上联显然说在袁世凯未发达时周馥帮助过他，
而且看来当时别人还没有怎么帮助袁，所以'惟公最早'。
这些话虽然不够具体，但已很明确了，而且是出自袁世凯
的第八子袁克轸之口，不是道听途说了。"（见拙编《曾祖
周馥：从李鸿章幕府到国之干城》，三晋出版社2015年版）
景老是周馥的曾孙。按袁八此联收于《周悫慎公荣哀录》，
此联之后，并有邵章（字伯炯，号倬盦，浙江仁和人，邵

93

懿辰长孙）的一副挽联："与合肥相始终，投笔从戎，久矣封疆推老宿；为项城所敬礼，垂纶明志，故宜史传补臣工。"句意均值得玩味，具见袁氏同周馥之关系。

按周馥与袁世凯的从叔父袁保龄（字子久）为莫逆交，气谊相投，袁保龄《阁学公集》所收寄周馥函，仅光绪十年（1884）前后即有四十六通之谱。光绪九年（1883）十月廿一，袁保龄致函周馥：

此间工防各事，均荷代筹，周挚适如弟意中所

光绪十二年（1886），醇亲王奕譞巡阅北洋海防，时任津海关道周馥与诸同僚合影照。后排自左至右：直隶候补道袁保龄（袁甲三次子，袁世凯从叔父）、直隶津海关道周馥、直隶候补道刘含芳（周馥亲家，周学熙岳丈）；中排自左至右：天津府知府汪守正、江苏候补道张翼、分省补用道罗丰禄；前排自左至右：直隶候补道盛宣怀、直隶候补道潘骏德、分省补用道黄建笎。

欲言，感珮岂有既极。景行之怀，骨肉之谊，久蕴寸衷。苏子由之称子瞻云："人曰吾兄，吾曰吾师。"辱承明命，喜惬私忱。谨当肃具盟谱，长夏当可还津一叩兄长。（转引自孙海鹏《袁保龄致周馥函考》，参见氏著《袁保龄研究札记》，万卷出版公司2019年版）

以苏轼、苏辙兄弟作比，具见二人交谊之深厚。而从《领选日记》所记，也可看出此次袁氏得行，遵海辽东，与时任津海关道周馥有莫大关涉；而袁氏之心胸格局、眼界气度，亦远不是后世野史所描述的那样荒唐无稽、不像样子。

袁世凯入朝之时，尚未及二十三周岁，短短三年后即造成"非袁不可"的局面。他为朝鲜国王编练亲军"镇抚军"，代替吴长庆同日本、帝俄驻朝使节交涉、办理外交事务，博得"非唯知兵，且谙外交"的声誉，被李鸿章所激赏，委以"驻扎朝鲜总理交涉通商事宜"的重任，为甲午后在小站奉旨训练新军及再后来之飞黄腾达奠定基础。

二

甲午战事起，周馥受命"总理前敌营务处"，负责前敌军需供应。时袁氏历经千险，辗转返国，甫踏国土，又被授以"总理朝鲜交涉通商兼抚辑事宜"，随军再出山海关。二人并辔转战军前，配合靡间，共历生死，具见周馥《自著年谱》（民国十一年孟春秋浦周氏校刊本）。周馥《入山海关》诗记述当时事云："雪霁尘沙扑面飞，严寒三月未更衣。事随天末惊鸿去，人似辽东化鹤归。耳底鼓鼙馀梦寐，眼中烟树认依稀。此身马革知何处？深愧诸君为指挥。"小注："时奉旨入关总理营务，因将前敌转运事交袁慰庭观察专办，盖以春暖冰泮，直隶沿海戒严也。聂功亭诸公请余驻唐山，以便策应榆关、大沽南北两路转运等事。"袁氏亦有文字，追述此段死生契阔及两家世谊：

> 世凯以通家之谊，与公共事一方，久亲杖履。忆甲午中东事起，世凯奉诏办理朝鲜抚辑事宜，而公适膺前敌总理营务处之命，并辔出关，遇事相就研切，讫款成乃止。庚子乱后，两宫回銮，世凯又与公同扈跸入都，于是世凯督直隶，公抚山东，彼此互相受代。近年公子缉之观察复官畿辅，世凯朝夕晤语，以此于公之宦迹知之尤深，爰撮其关于治乱之大端以为公寿。（袁世凯《恭祝诰授光禄大夫玉山尚书暨德配诰封一品夫人延陵夫人七旬双寿序》，收入《建德尚书七十赐寿图〔附寿言〕》，南开大学图书馆藏）

两相参阅，均可见二人交谊深厚。

周馥年长袁世凯二十二岁，于袁为前辈。然二人关系，在光绪二十七年（1901）《辛丑条约》签订后，有一微妙转移。骆宝善评点袁世凯函牍，于袁氏光绪二十一年三月初二（1895年3月27日）复周馥电后，有一评点云：

> 周、袁之再次聚首，是光绪二十七年（1901）李鸿章死后，慈禧太后、光绪帝回銮到达北京之前。袁世凯接替李鸿章空缺，升署直隶总督兼北洋大臣，到北京上任。而周馥在北京以直隶布政使身份临时护理直隶总督，向袁世凯交接官印。物是人非，今非昔比。两人的身份和地位完全来了一个颠倒易位。周馥交接之后，成了袁世凯的属官。好在这种状况并不持久，周馥很快便晋升为山东巡抚，随后又升为两江总督、两广总督。直到光绪三十三年（1907）以七十岁高龄退休之前，周在封疆大吏之位有六七年之久，奉袁为政治领袖。在此期间，袁世凯以疆臣领袖的地位同周氏的配合十分默契。光绪三十三年（1906）官制改革期间，军机大臣、外务部尚书瞿鸿機翻出周馥在数年前任山东巡抚期间，同外国人交涉的旧账做茬口，借端排斥打击，亦未必不是"项庄舞剑，意在沛公"。至于光绪三十三年"丁未政潮"时期，奕劻、袁世凯合谋赶岑春煊出京，逼他退出邮传部尚书，去广州取代周氏做两广总督，则是意在除岑，确无挤兑周的意思。（袁世凯原著、骆宝善评点《骆宝善评点袁世凯函牍》，岳麓书社2005年版）

按此语诚是。周馥升任山东巡抚，自属庚子议和事后论功，循例而使，然再转两江总督、两广总督，则非有袁氏奥援不办。周氏不一定仰求于袁，然袁氏据以拉拢、酬答、建立自己势力圈则当为题中之义。要知清代总督，以直隶总督、两江总督、两广总督最为优缺，直隶、两江分领北洋、南洋通商大臣，俨然群伦之首，而两广总督则同时兼任"粤海、太平两关事务"，俱重中之重。周馥之任两江，当时各界即有论议，晚清笔记谈此者甚多，不乏污言，其评析之明，莫若如下述这则"时事批评"：

论周玉山之任两江

署理两江总督李兴锐卒，政府命山东巡抚周馥继其任。一时论者颇生异议，以为周乃直督袁世凯之党，袁阴欲夺尽东南各督抚之权，以收集权中央之效，故先运动政府，命铁良南来；俄又利用江督出缺之机会，运动政府，命周馥署理，使周、铁狼狈为奸，而其夺权之目的乃达云云。嘻，为此说者，是直以臆见诬袁督以诬政府者也。南洋一缺，为东南各省之冠，而与北洋相对峙，关系吾国之安危者至巨，故政府必欲慎选其人而任之。然今日东南各督抚中，孰有当其选者？资望较深莫如张南皮，然南皮华而不寔，乌足处此。次则岑春煊，然岑方以兵事羁縻，决不他调，且其才只宜于边省，今则并边省不能治，遑论其他。次则聂缉椝、夏肯、端方等。聂缉椝屡为人参劾，闻有将开缺之说；夏肯政绩平常，亦为人参劾，是均无可望。惟端方素号开通，才犹卓著，而年正壮盛，似可胜任，然未必为政府所信。盖政府所欲用之人，必其老成持重，历练世故者，方为合格。观其调开魏光焘时，不用他人而用李兴锐，可以见其梗概矣。然则求与李相仿佛之人，宜莫周玉山若。盖二公均起自中兴人物之幕府，一佐曾文正，一佐李文忠。文正之于李犹未知如何，而文忠之于周则甚加倚重，晚年外交政策，多出其手。（时报谓文忠政策，什九乃失败之历史、挫辱之历史云云，何尝不是。第吾国人才消乏，至求一如李文忠者而不可得，此其可悲也。）是周于外交上较李尤似娴熟矣。周近年始晋擢封圻，而李亦久浮沉于道署，其骤膺疆寄，亦不过数年。盖二公之资格，亦复不相上下也。然则李可以任江督，周亦何尝不可以任江督？而某报犹以周由东抚遽擢江督为疑，何其懵乎！夫东抚最繁剧之缺也，又加以德人之窥伺，应付颇难，而周于内治外交措置裕如，则才具已可概见。昔袁氏由东抚而任北洋，未尝失职，今政府以周任南洋，而亦不虑其失职者，盖政府方以东抚一缺为南北洋之豫备科，即以信东抚者信南洋，而并以信袁氏者信周公也。据此以观，则由东抚而擢南洋，固不嫌其升之骤，而彼谓周公之得任江督为出袁氏所运动，亦何所据而云然乎！若谓南洋之缺，宜必以南中督抚任之，方足以服东南士庶之心，而不予人以口寔，审是则南北之界又自我而分矣。夫南北不可易者地，而非不可易者人。方今时局艰难，或为地求才，南北对调，亦意中之事。若泥其迹而断断办〔辩？〕之，惧矣。（载上海《大陆》杂志1904年第9期）

此后民国肇造，风云幻变，遗老相议复辟清室，劳乃宣撰成《共和正续解》，借周召共和故事鼓说袁氏还政清帝，欲进呈项城，特重托周馥代转，并有致周馥一函云：

赵次帅（赵尔巽字次珊）由京来岛，谓项城自言，今日所为，皆所以调护皇室，初无忍负先朝之意，曾商之世相（指清室内务府总管世续）欲卸仔肩，而世相言无接手之人，故不得不冒此不韪。诚如此言，则项城之心亦良苦矣。当以拙作正续两解质之次帅，问其可否代呈项城，次帅曰可，因即请其携之入都。……伏思我公，历事累朝，恩深位重，孤忠耿耿，至今梦寐不忘。于项城有父执之谊，识拔之雅；近又缔结丝萝，亲同肺腑，若出一言，重如九鼎。可否将狂瞽之言，转达聪听？倘荷采择，见诸实行，非特有造于先朝，其所以为项城者，亦不啻出诸九渊，升之九天也。（转引自陶菊隐《北洋军阀统治时期史话》，三联

书店1978年版）

"丝萝"典出《诗经·小雅·頍弁》，喻为婚姻，指周馥将幼女瑞珠许于袁世凯第八子袁克轸（字凤镳），结为亲家事。

周馥始终为袁氏所礼敬。袁寒云《洹上私乘》卷七"遗事下"："先公平生盟好中交最厚而最相推服者为端匋斋丈，姻戚中之最相契者为吴窬斋丈、周玉山丈、孙慕韩丈、张冶秋丈，戚属中之最加爱拂者为黎宋卿丈、何仲瑾丈及家外舅，故旧中之最相得者为谢仲琴丈、沈祖宪、闵尔昌，弟子中之最赏识者为袁海观盟兄、杨杏城丈、杨廉甫丈、赵秉钧、阮忠枢。"当"洪宪"事起，财政总长周学熙因反对帝制，失欢于袁世凯，奉命迁居北海濠濮间，形同软禁，几有生命之虞，"幸吾祖父周馥与袁世凯为儿女亲家，曾致函关说，并询问有无称帝之议，袁复函以吾父多病，暂住北海，将来可准予辞职，对帝制则矢口否认，信中并有'一部廿四史，不知从何说起'之句"（周志俊《袁世凯帝制活动与粤皖系之争》，《文史资料选辑》第十三辑，中华书局1961年版）。之后不久，事情凿然，"大皇帝"再复申令："近见各处文电，纷纷称臣，在人以为尽礼，在予实有难安。……凡旧侣及耆硕故人，切勿称臣。"（《北洋政府公报》，1915年12月19日）经政事堂议定：黎元洪、奕劻、载沣、那桐、锡良、周馥、世续七人列为"旧侣"。然周馥却隐居天津，始终没有任何回应。

三

袁世凯1916年病死，归葬河南彰德洹上，即今安阳袁公林所在。此处今属全国重点文物保护单位，国家3A级旅游景区。景区内展厅的墙上，中有"为日本去一大敌，看中国再造共和；扶柩回籍，葬吾洹上"两句话，王碧蓉《百年袁家》亦如是说，不审何据。袁寒云《洹上私乘》卷五"自述"：

> 丙辰，先公殂。昔先公居洹时，曾自选窀穸地，在太行山中，邃而高旷，永安之所也。及先公殂，群议葬事，文以太行山地请，大兄独不可，欲葬洹上村左，以其地迩，便祭扫也。文力争不获，彼且迫掘，使不可安处，遂遁走天津。先公之葬，竟不得临，此文终天之恨而不或逭之罪也！

袁静雪《我的父亲袁世凯》中亦说：

> 到了黄昏他可能意识到自己的病情是够危险的了，却又认为或者还不至于死，所以就叫人把段祺瑞和徐世昌找了来，把大总统印交付给徐世昌，并且和他两人说："总统应该是黎宋卿的。我就是好了，也准备回彰德啦。"从此以后，我父亲才渐渐地昏迷不醒。到了

第二天，也就是旧历五月初六日（阳历6月6日）的早晨六时，就死去了，终年五十八岁。由于他始终是清醒着的（昏迷不醒的时间，还不到十二个小时），并且可能认为不会就死，所以既没有留下什么遗言，也没有对后事做任何安排。……当我父亲的灵柩还停在北京的时候，"恭办丧礼处"就已经派了人到彰德查勘墓地。接着，当时的政府又派了河南巡按使田文烈综理墓地的建筑工作。最后决定墓址在离我们洹上村的住宅约有二里的太平庄，这已经是在灵柩移在彰德之后了。

之所以列举上述，是因为周馥《自著年谱》"宣统二年庚戌 七十四岁"条里，有这样一段记载：

三月，纂修《建德县志》成稿，《宗谱》亦修竣排印毕。……三月二十八日，偕杨明经焕之赴汉口，焕之大郎世特随行。四月朔，学辉迎过江，至武昌寓中午饭。初二日，附轮车北行，宿确山驻马店。初三日午到郾城，雇民船东行。俗名螺湾河，又呼螺河，乃汝水也。初四日过周家口，初五日抵水寨，初六日往相袁沟袁氏祖墓，访袁平甫封翁。初七日到红土窪相袁太夫人墓，回水寨，溯汝水。十一日，复到郾城，学辉自鄂来。十二日，附车到郑州，袁慰庭亲家闻知，派人来迎。傅申甫世榕封翁自津来会，十三日同到洛阳。十四日，游吕祖阁、晋宣帝陵、魏世宗陵、汉光武之废郭后陵。十五日，谒周公庙，谒二程子祠、邵子祠、朱子祠。十六日，过洛河，见天津桥尚有一碶未塌，土人言北魏初造桥，时有七十二碶。过河而南，谒邵子"安乐窝"，即邵氏宗祠也。祠旁有邵氏子孙十数家，业农。十七日，游洛东白马寺，唐译梵经处也；拜狄梁公墓。十八日，游洛西三十馀里周灵王陵，悼王、定王、敬王三陵，陵皆高二十馀丈，顶皆四方式，每方一面约宽十丈，顶平。杨焕之言："陕西文、武、成、康陵皆方平式。"土人言："在洛周陵亦然，惟汉、魏、晋陵皆圆凸形。"十九日，谒洛南十五里关帝陵，庙宇宏壮；又十五里抵伊阙、龙门，两山高约二百丈，中为伊水东流，水面宽六七十丈，可棹小舟，山上鉴洞大小数百，中镌佛像，极精致，北魏时君民所凿，祈福也。西山有小瀑布，东山即香山，白居易墓在焉。二十日，到郑州，附北车至新乡，学熙自京来。二十一日，抵清化镇，见丹水，小不可航，灌田极多。镇东四十里，有英商福公司所开煤矿。二十二日，游宝光寺、毛文达昶熙尚书别墅。二十四日，自清化镇至卫辉府袁宅，袁慰庭亲家自彰德属其二郎豹岑克文来迎。二十五日，坐篮舆往辉县，路过明潞简王墓，规制颇壮，不亚皇陵，其享殿已改为神庙矣。考潞简王名翊镠，乃明穆宗第四子，万历十七年之藩卫辉，帝以母弟，赐田多至四万顷。王好文，持躬谨饬，恒以岁入助边饷，诚贤王也。明社已屋，后裔不敢祭扫，反不如编户穷丁得以岁时拜墓也。二十六日，游苏门山，乃太行支麓，百泉出焉，汇潴数百亩，清莹可鉴。亭阁祠宇，皆甲各郡。山上有孙登啸台。袁亲家有园林在百泉之南三里，约百馀亩，水竹清幽。二十七日，由辉县过新乡，至彰德府袁亲家宅。宅在府西洹水之北，园林较辉尤胜，因留住十日。亲家优待，其三兄清泉世廉亲家亦旧交，廉干有为之士也，时病痹，尚能跛行，惟舌强涩不能言。二十九日，属熙儿、辉儿随傅申甫、杨焕之等回京。五月初七日，辉儿自京抵彰德，随辞袁府，同回汉口。辉儿返武昌。十一日早，抵芜湖。是年六月，登庐山避暑。

此段文字，读来娓娓生动，然最初并未引起笔者的过多注意，只是诧异周馥此次河南之行，遍览名胜，往访遗迹，同袁氏相晤，何以"往相袁沟袁氏祖墓"、"到红土窑相袁太夫人墓"？迨后见《周悫慎公荣哀录》，看到杨焕之的挽诗及自注，方恍然大悟，明晓他们此行，同时身负特殊使命。按杨焕之字昌邠，号北山散人，四川射洪人，是周馥次子周学铭（字味西，光绪壬辰进士，与蔡元培、张元济同科）任四川蓬溪知县时拔识的生员，著有《北山草堂诗集》、《北山草堂游览诗记》等。杨焕之于周馥死后，有哀诗二十五首，其中第九首云："汝水滔滔向北流，随公按辔到袁沟。项城览胜风何古，周口驰回雨不收。但见邱陵一辞去，岂因花鸟再句留。而今泥爪犹能认，太息人归白玉楼。"自注："庚戌随公至项城，为袁慰亭宫保看吉地。"复检《玉山诗集》，卷四有《赠杨焕之》："鸾鹤飘然迥不群，多情犹复忆河汾。著龟术妙通神鬼，班马才高富典坟。几辈公卿曾折节，十年江海共论文。好开三径兰溪畔，待我归舟访白云。"诗注"君星命、医卜诸学皆精"，并言："君游西藏、秦、陇、燕、豫、湘、鄂、齐、吴，名公多结纳。"再按杨诗第二首自注"从公建德看山十二年，往来具宿秧田坂"，第四首自注"丁未赴扬州敬吊德配吴夫人之丧，公命往建德看山"，第八首自注"从公南陵，为徐子弹、周瀚如二君寻吉地"，俱可见周馥对于杨氏之倚重及二人关系。对于堪舆之学，周馥曾有言："地以人重，不可尽信。惟人子相地葬亲，是一大事，自有当尽之道，不可草率，不可执迷，量力从稳当处做去，不可妄生希冀。悖道求福，是妄人也。"（俱见周馥《负暄闲语》卷下）《负暄闲语》专有"卜葬"门，论之者详，今不赘引。

袁氏倩周馥帮助往相祖茔，勘选吉地，除了如袁静雪所说的——"我父亲是有迷信思想的。他既相信批八字，也相信风水之说。有人给我父亲批过八字，说他的命'贵不可言'。还听得说，我们项城老家的坟地，一边是龙，一边是凤。龙凤相配，主我家应该出一代帝王。这些说法，无疑地也会使我父亲的思想受到影响。他之所以'洪宪称帝'，未始不是想借此来'应天承运'吧"，当也有另外一桩袁氏族内的隐衷，即袁氏曾和冯国璋所言之"袁家没有过六十岁的人"，特别是男丁（张国淦《洪宪遗闻·徐世昌谈洪宪小史》，收入吴长翼编《八十三天皇帝梦》，文史资料出版社1983年版）。按宣统二年（1910）袁氏虚龄已五十有二，过知天命之年，又届投闲放散，蛰居洹上，虽时谋东山再起，然前途未卜，早为之计，自是题中之义。

周馥此行相后的意见如何，史料阙如。然袁氏再未回项城，或当如袁静雪所说：

> 我的伯叔们，除了三伯世廉做官以外，其馀的都在家当绅士，没有外出做过什么事。后来，我祖母刘氏死在天津。当时我父亲任直隶总督。他请了假，搬运灵柩回转项城安葬。但是我的大伯世敦，认为刘氏不过是一位庶母，所以不准埋入祖坟正穴，只准她附葬在坟所的地边。这本来是合乎那个时代的"礼仪"的。可是我父亲却和他争执了很多次，由于大伯坚决不答应，最后只得另买了新坟地安葬。从这以后，我父亲和大伯世敦就不再往来，还由于这个原因，以后就定居彰德的洹上村，不再回项城老家，直到我父亲做了总统，他们老兄弟俩还是不相闻问的。

往事如烟，然往事并不如烟，此均为记。

从馀杭知县严耆孙到
"龙游琴僧"释开霁

——先曾祖英仲公轶史纪闻(上)

严佐之

　　写下这个题目，不由心动加速，因为我终于弄清楚，那位曾经官除馀杭知县的严耆孙和誉称"龙游琴僧"的释开霁，原是同一个人。他，也就是我祖父严工上的父亲、父亲严个凡的祖父、我的曾祖，歙县严氏"富春堂"三世祖英仲公。

　　因缘机巧，我先是从先堂伯严坚吾的口述史中知道了曾祖的名讳字号，继而顺藤摸瓜，查阅到严耆孙于光绪二年(1876)至三年任官馀杭知县的方志记载，从而坐实了曾祖当年受"杨乃武与小白菜"案牵累、愤然出家的家族传说。进而考镜文献，更知他于光绪十年冬浮海普陀山，受戒法雨寺，释名开霁、德辉，号孤峰老衲，尝历主瑞安圣寿、龙游灵耀、吴兴天宁、嵊县戒德诸寺，诵经弘法之馀，更以授受琴艺，扬名立万，从而再现了他后半生的"琴僧"轶史。

轶史的再现，让脑际中迷茫模糊的曾祖形象变得逐渐清晰生动起来，乃至梦境里也出现一位中年男子乘船渡海去普陀朝拜观音大士的幻影映像。更令我高兴甚至骄傲的是，据史传文献记载，曾祖英仲公虽仕宦不过数年，官阶微若芥豆，却是个勤政爱民、刚直仁义的清官好官；而他削发为僧三十年，又成就了一位"新浙派"古琴开派立宗的大师、近世佛教史上的净土宗名僧。这如何不叫我心潮起伏，激动不已。

兹就目下所知，略纪先曾祖英仲公逸史遗闻，以供家族后嗣传晓纪念。

一

关于先曾祖英仲公生平往事，我们严氏后代知之甚少。记忆中，早年曾瞥见父亲抄录的家族谱系，仅一纸而已，然少不更事，甚不在意，残留脑际的印象，只剩严氏"富春堂"和曾祖表字"英仲"。后来"文革"扫"四旧"，连这页旧纸也没了踪影。然而，有个关于曾祖去官出家的奇闻轶事，却一直在我们家族世代口耳相传。

传说曾祖在任官浙江桐庐知县时，曾受"杨乃武与小白菜"一案牵累，称他献计"密室相会"，使真相大白，致冤狱平反，不料最终却落个撤去官职、赔偿田产的结局；怨愤之下，弃家出走，祝发为僧，传讯家中，妄称猝死，毋须寻踪；直至数十年后临终之际，才遣使报讯，家中遂委派祖父率长孙即先父，时年十龄，星夜兼程，登山入寺，叩拜禅榻之前，聆受老人遗训，谓"凡吾子孙，一不为官，二不经商"。还说上世纪40年代，沪上评弹名家严雪亭编撰长篇弹词《杨乃武与小白菜》，曾专程登门采访曾祖轶事。

曾祖的这个传奇轶事，我先是听得母亲说，后来又曾听二姑、三叔讲过，三位老人所述相同，几无二致。然而对此家族传说，我仍存信疑参半之心，欲信确有其事，却疑传闻差讹。你想，那"杨乃武与小白菜"案乃清末四大奇案之一，档案文献犹存，研究成果亦多，而家族口述史，辗转几代人，难免真伪掺杂，以讹传讹。再说"杨案"背景很不寻常，涉及清廷内部不同政治集团的争斗，"剧"中正反角色，评判自有不同。说曾祖献计"密室相会"，似属正面，然向未见文献记载，疑似小说家言，抑或艺术加工。尤其在我专事历史文献研究之后，对此传闻所抱态度就变得愈发谨慎，只是偶尔兴之所至，在族亲、熟友间随便聊聊，绝不敢轻率诉诸文字。所以十多年前我写《不能遗忘的百年歌声——回忆我的祖父严工上、父亲严个凡、三叔严折西》这篇怀念文章，就只是说"曾祖英仲公生有三子，先祖父排行第三，讳达，字苇槎，工上是其艺名"，

"少年时随英仲公宦居浙江"，只字未提家族口耳相传的那个奇闻轶事。然而探究真相的夙愿，始终萦绕心头。寻寻觅觅，直至近日，总算找到确凿文献依据，终于拨开心头迷雾。这二部于我而言至关重要的史志文献就是：《光绪馀杭县志稿》和《光绪杭州府志》。

《光绪馀杭县志稿》纂修者，姓褚名成博，字百约，一字孝通。褚氏是馀杭望族，族中很多功名在身的读书人。褚成博是光绪六年（1880）进士，他二哥褚成亮是光绪三年进士，四年一门二进士，传为一时佳话。褚成博曾官江西道监察御史、礼部给事中、惠潮嘉兵备道等职，晚岁归里，为家乡纂修史志。馀杭县前次修志在清嘉庆年间，即《嘉庆馀杭县志》。同光间褚成亮先为之补遗，继而褚成博又为之接续，记事记人上接嘉庆，下及光绪三十二年。以书稿未竟，故称《光绪馀杭县志稿》，今影印收入《中国地方志集成·浙江府县志辑》第五册。有评论称褚氏兄弟是"颇有建树的馀杭地方史志名家"，称《光绪馀杭县志稿》是了解近百多年馀杭历史的"不二首选"。而在我看来，褚成博生于咸丰四年（1854），卒于宣统三年（1911），编纂《志稿》可算是当时人记当地事，史料可信度较高。

曾祖英仲公名讳史迹，《光绪馀杭县志稿》共有三处记载，现按顺序移录于下。

《衙署》："光绪三年，因淫雨蛟水，衙署坍损。知县严耆孙，禀请提钱五百六十千，择要重修。"

《职官表·知县》："刘锡彤十二年九月回任。严耆孙有传，光绪二年四月署。王崧辰闽县进士，三年七月任。"

《名宦传》："严耆孙，字英仲，淮安清河人。以军功保知县，分发来浙江。光绪二年，署馀杭。甫下车，即询民间疾苦。夏六月，天目水发，坏堤决防，漂人畜田庐无算。乃输金促民刺舟拯救，多赖以济。八月，土匪起临安，避氛者络绎过市，居民骇走，一镇以静。密陈大府，发精锐弹压。是时邑有巨狱，部控未决。凡剿匪、勘灾、提案员纷纷至沓来，而漕粮不及十分之一，逋负累累，不以苛赋病百姓，卒因亏累，被议去任。士民惜之。"（《光绪杭州府志》）

括弧注记说明《光绪馀杭县志稿》中的这篇严耆孙小传，系采录于《光绪杭州府志》。《光绪杭州府志》始修于光绪五年，由杭州知府龚嘉儁主持，复经后任知府接力续修、重修，然未曾刊刻，直至民国十一年方始印行。《馀杭县志稿》对严耆孙的三处记载，在《杭州府志》中都能找到，只是因为修纂者的定位不同，《府志》文字要比《县志稿》稍微简略，而意思绝无差异。故此引征文献，仅取《志稿》，但免赘覆。

载于史志的这三处文字不多，但透漏信息不少。如曾祖原籍淮安清河，因军功而出仕，如其署馀杭知县年份，任期官声颇佳等，都是我们家族后代过去所不知情的；再有他受"杨乃武与小白菜"案牵累之事，原来根源还在案发地馀杭县任上，而非家族传说的知桐庐县时。因英仲公

与"杨案"之谜，向来最受家族子孙后嗣关注，故拟先为
释疑揭秘。

二

上引《馀杭县志稿》三处记载，虽无一字语涉"杨乃
武与小白菜"，但其中有二处文字足资参证。一是《名宦
传》中"是时邑有巨狱，部控未决"一句，"巨狱"显指
"杨案"，"部控未决"则指案件所处审理阶段。二是《职官
表》表明，英仲公任职馀杭知县是在光绪二年四月至光绪
三年七月之间，而其前任正是"杨乃武与小白菜"案始作
俑者刘锡彤。那么，这些信息又能说明什么呢？那就需要
从"杨案"的发案时间与审理过程说起了。

"杨案"案发于清同治十二年（1873）。是年十月初九，
馀杭县城豆腐作坊伙计葛品连突发急病，在服饮其妻毕秀
姑（绰号"小白菜"）配制煎煮的汤药后不久，气绝身亡，
隔日尸身口鼻有淡血水流出，致使葛母生疑，即赴县衙喊
告。知县刘锡彤接获民告，派仵作前往验尸，认定中毒致
死，又以里巷传闻葛妻毕秀姑与新科举人杨乃武有染，遂
疑俩人通奸谋杀亲夫。严刑逼供之下，葛毕氏屈打成招，
杨乃武则坚辞否认，但仍被刘做成实案，呈报杭州府。府
审维持原判，甘结定案："葛毕氏凌迟处死"，"杨乃武斩立
决"。杨姐杨菊贞不服判决，赴省抗诉，经按察司、巡抚衙

门先后审理，仍以原罪定谳，俟刑部批复，立即处决。杨姐仍不服，亲赴京师都察院控诉，被驳回遣返。同治十三年（1874）九月，杨氏再度上京向刑部投递冤状，又借浙籍京官之助，使案情上达两宫太后；奉慈禧谕旨，刑部饬浙江巡抚杨昌濬重审，另派御史暗中私访，继而又派钦差赴浙提审，但结果仍照原罪奏结。至此，"杨案"已经县、府、按察、督抚、钦宪"七审七决"，几无生望。岂料转机突现，馀杭士绅三十馀人联名上书刑部陈情，饬钦差复审，仍维持原判；旋有朝臣疏请提交刑部审讯，奏准，谕旨将全案人犯人证连同棺尸押京，交刑部、都察院、大理寺三法司会审。光绪二年十二月初九，由刑部尚书亲率堂司官员，赴城郊海会寺开棺验尸，结论"无毒"！光绪三年二月十日，刑部结案疏奏。二月十六日，谕旨平反，杨乃武革去功名，毕秀姑刑杖八十，刘锡彤充军黑龙江，浙省巡抚杨昌濬以下知府、知县等一干办案官员百馀人悉数革职。至此"杨案"划上句号，自同治十二年十月至光绪三年二月，案件全程长达三年零五个月。

如上将"杨案"始末简要梳理一过，曾祖英仲公与"杨案"关系真相，遂亦随之浮出水面。但仍有三处关节，需稍费口舌：其一，英仲公介入"杨案"程度究竟如何？其二，其去职是否确受"杨案"牵累？其三，传说献策"密室相会"是否真有其事？先说其一。

光绪二年四月，英仲公署馀杭知县，时距"杨案"案发已过二年零六个月，距京审结案则仅十个月而已。按照主司审案层级，"杨案"可分前后二期，前期县、府、省审，属地方一级审理，后期刑部奉旨接案，是属"部审"，其间同治十三年九月是一界线。英仲公接任知县，距杨姐上诉已一年零七个月，无疑已处后期"部审"阶段。《名宦传》说"是时邑有巨狱，部控未决"，与此正合。所谓"部控"，即越级刑部控诉之意。若进一步细究，光绪二年四月距十二月"海会寺"开棺验尸不过八个月。逆时溯推，十二月初，案犯人证押解至京，一路风雪兼程，耗时一个多月，则起解之日，当在十月上旬；而在押解之前，尚有诸多事务需作准备，朝臣奏请提京审案，以及朝廷批复，自有一系列繁琐程序要走，估计没有半年，也需数月之久。以此推算，则英仲公四月接替刘锡彤知县之职，或正值浙省士绅联名上书事件爆发之后，"杨案"旋将进入提京部审的最后阶段。由此可见，在"杨案"这个大冤案中，他的"角色"，不过是在后期"部审"阶段，以案发地知县之职，承担与处理相关事务；至于审案前期之冤情炮制、滥用刑罚、伪造证据、行贿受贿等办案过程中一系列官场丑行，固与新任知县严耆孙毫不相干。

三

那么，英仲公馀杭罢官是否因受"杨案"牵累？献策

"密室相会"是否确有其事？这两个问题或有关联，有点复杂，一言难尽，一言难定。

且说光绪三年（1877）七月，馀杭知县严莘孙被解除官职。然而根据《光绪严州府志》、《民国桐庐县志》记载，光绪八年三月，他又起复重出，以同知衔署桐庐知县。不过，此任县令依旧"短命"得很，光绪九年十二月，继任知县沈懋嘉到岗，满打满算，也就当了一年零九个月的知县官。是其去官原因，前馀杭、后桐庐，皆有待考究。

先说馀杭。据《光绪馀杭县志稿》严莘孙传记载，英仲公去官是由于"逋负累累，不以苛赋病百姓，卒因亏累，被议去任"。"逋负"是拖欠赋税的意思。也就是说，他是因不忍对连遭匪祸水灾的馀杭百姓强征"苛赋"，没完成朝廷规定的本县赋税指标，考核不及格，故而被罢官职的。然而在民国十四年余绍宋纂修的《龙游县志》里，却另有一说。英仲公削发为僧，晚年住持龙游名刹灵耀寺达十六年之久，也算得龙游名人。故余纂《龙游县志》载有"孤峰和尚"轶闻、诗文若干条，并言及孤峰前后二度去官的原因："光绪间，灵耀寺僧孤峰者，俗姓严，歙县人。咸、同间，尝佐衢严总兵饶廷选幕，保至知县。初署馀杭，以杨乃武案被劾。开复后复署桐庐，又值灾歉，交卸后亏累数千金，因弃家至普陀山法雨寺削发为僧。"一说因"逋负累累，被议去任"，一说"以杨乃武案被劾"，究竟哪说可信呢？相比之下，窃以为前说更为可靠，理由如下。

116

其一，就文献性质而言，《光绪馀杭县志稿》属当事者在地在时之记载，且严耆孙传是从《光绪杭州府志》转录而来，失实的可能性相对较小。《龙游县志》纂修于民国十四年（1925），是后朝人记前朝人"轶闻"，且所谓因"杨案"被劾之说，实出邑人祝康祺撰《孤峰小传》，辗转移录，难免传讹。若谓如此评骘信伪，有失牵强武断，则不妨再举一例为证。浙江巡抚杨昌浚，虽因"杨案"被撤官职，仍被《光绪杭州府志》列入《名宦传》，并无所忌讳，直言其"因事夺职"。省部级高官犹且如此，知县七品芝麻官自不必说。故倘若严知县果因"杨案"褫职，史传自会秉笔直书，今既不见《府志》书此，则必无"被劾"事可知。其二，从情理逻辑上推敲，既如前篇考述，严知县与冤假错案毫无干系，也就没有问责"被劾"的理由。其三，再从时间上推算，光绪三年二月"杨案"冤狱平反，涉案官员充军的充军，撤职的撤职，而《志稿》载是年初夏"淫雨蛟水，衙署坍损，知县严耆孙禀请提钱五百六十千，择要重修"，说明他仍在岗工作，并不在受惩涉案官员之列。二相比较，显然"因亏累被议去任"说更为靠谱。上述推断纯粹出于理性思考，并非情感偏执使然。不过话要说回来，余纂《龙游县志》所言虽有讹传之嫌，却非空穴来风，实亦事出有因。至于究竟何因，且容后文详说。

再说桐庐。《民国桐庐县志》没说他去官原因，《光绪严州府志》亦无只字记载，仅余绍宋《龙游县志》说得分

明:"复署桐庐,又值灾歉,交卸后亏累数千金,因弃家至
普陀山法雨寺削发为僧。"且看"交卸后亏累数千金",事
因竟与馀杭任内同出一辙!再看"因弃家削发为僧",则与
家族传说完全契合。但问题是,假如桐庐罢官跟馀杭一样
是因"亏累""逋负"所致,那为什么前次去官他若无其事,
这次却会作出如此截然不同的激烈反应呢?是其中有阙失
环节?还是另有隐情?正茫然无绪、百思不解之时,喜获
学友提供文献,恰似"柳暗花明又一村",疑云顿散。原
来英仲公桐庐任上"亏累"朝廷赋税,竟高达九千二百馀
两之数,遂遭上司严厉追查。这份提供关键证据的重要文
献,就是刊载在1885年3月20日《申报》附张《京报》第
一〇五二号上的浙江巡抚刘秉璋奏章。

四

英仲公去官桐庐知县,时在光绪九年(1883)十二月
新知县接任之前,免职原因,县志无载,遂致传说纷纭,
莫衷一是。然而一年之后,上海《申报》曾对此事有过爆
料。据1885年3月20日《申报》附张"光绪十一年正月
十八日十九日《京报》全录"记载:

　　头品顶戴浙江巡抚臣刘秉璋跪奏,为特参交代案
　　内短欠银米、延不清解各官,请旨分别议处勒追,以

昭炯戒，恭折仰祈圣鉴事。……前署桐庐县候补知县严耆孙，系江苏清河县人，桐庐任内短交银九千二百馀两。……前署桐庐县候补知县严耆孙，革职拿问，查抄监追。……严耆孙等三员历过任所寓所，有无资财寄顿，分别查封究追。并先飞咨苏抚臣，转饬各该员原籍地方官，严密查抄家产，估变覆浙备抵外，谨将查明短欠银米各官，分别参追缘由。谨会同闽浙总督臣杨昌浚恭折具陈，伏乞皇太后皇上圣鉴训示。谨奏。奉旨：已录。

《申报》附张发行的《京报》，是晚清民间出版发行的一份报纸，主要摘抄京师邸报消息，如皇帝起居、官员任免、谕旨公告、臣僚奏章等，皆单篇发行，用黄色纸皮，首印红色"京报"二字。创刊于同治十一年（1872）的上海《申报》，是中国近代最有影响力的一份报纸，曾长期追踪报道"杨乃武与小白菜"案，其转载《京报》消息，应属真实无疑。由《京报》奏章可知，英仲公是因"桐庐任内短交银九千二百馀两"，被其上司浙江巡抚刘秉璋"革职拿问，查抄监追"的。由此可见余绍宋《龙游县志》所言"复署桐庐，又值灾歉，交卸后亏累数千金"，并非空穴来风。然而此番桐庐"亏累"受罚的烈度，远远强于前度馀杭"逋负"：除对其"历过任所寓所，有无资财寄顿，分别查封究追"外，"并先飞咨苏抚臣，转饬各该员原籍地方官，严密查抄家产"。就是说这次处罚不止摘去官帽，还要去他曾经做官与居住过的桐庐、馀杭、杭州、歙县乃至原籍淮安清河各处，追查资财，抄没家产，估变银两，以抵亏欠。由此看来，家族传说的"赔上田产，撤去官职"，还真不是毫无来由的胡编乱造。甚至相似的传说在老家歙县西乡也曾口耳流播，有说英仲公的儿女亲家、光绪六年进士、有"江南大儒"之称的汪宗沂，曾为此伸出援手，花费不少银两，替他抵偿亏负。公文、传说，两相对照，英仲公去官桐庐的原因可得确证。按《申报》附张《京报》摘抄刘巡抚奏折具陈在光绪十一年（1885）正月，推知追查严耆孙"短欠银米"应于此前已有结案。据《桐庐县志》载新任知县沈懋嘉接任在光绪九年十二月，推知追查严耆孙任内"短欠银米"正由此时开始。据《民国普陀洛迦新志》载严耆孙于光绪"十年甲申冬，浮海登普陀"，推知他此时已经解禁。由此可知，署桐庐知县严耆孙被"革职拿问，查抄监追"，当在光绪九年十二月至光绪十年冬这将近一年的时间内。

《京报》摘抄浙江巡抚刘秉璋奏章的发现，使英仲公何以去官桐庐的谜团有了头绪。虽然只是文献孤证，但至少作为"公开"的理由，其真实性应无太大疑问。然而深思细想，心中仍存些许狐疑：革职查抄既是公事公办，按理亦属"咎由自取"，却为何会刺激事主走上出家为僧的决绝之路？又为何后世传闻总将此事与六年前的"杨案"牵扯关联？其间是否另有无法言说的隐事隐情存在？但虽心有所疑，却无文献实证。当然，历史真相、心路历程，能依靠文献揭开的毕竟只有一部分。那么，我们能否按照事理常情的发展逻辑，来分析推求隐事隐情的存在与否呢？身为严氏裔孙，吾欲为之一试，是耶非耶，任由信疑。追问先从桐庐官任"交卸后亏累数千金"开始。

英仲公知桐庐县任内怎会"亏累数千金"？《桐庐县志》未言，《龙游县志》有说，却很简单："又值灾歉"。那么为何灾歉就不作为，非得"短欠银米"不可呢？这个问题无法找到直接的解释，但不妨比照六年前他去官馀杭之前鉴："逋负累累，不以苛赋病百姓，卒因亏累，被议去任。"据《光绪杭州府志》、《光绪馀杭县志稿》记载：那年"夏六月，天目水发，坏堤决防，漂人畜田庐无算"；"八月，土匪起临安，避氛者络绎过市，居民骇走，一镇以静"。面对滔滔洪水，严知县慷慨"输金，促民刺舟拯救，多赖以济"。"输金"即捐钱，"刺舟"犹划船。面对匪乱恐慌，严知县"密陈大府，发精锐弹压"，保得士民平安。这段文字告诉我们，是因为不忍心以苛赋再度伤害已经深受水灾匪祸的馀杭百姓，所以严知县宁可交不了差，丢官去任。呜呼！先曾祖英仲公于进退出处之际，所作所为，诚令嗣孙吾辈肃然起敬。然而也正因如此，严知县的离任，也让馀杭"士民惜之"，让史志还他公道，具列于"名宦"之传。馀杭之前事既如此，那么能否由此推测，当桐庐"又值灾歉"，身为知县的严耆孙，还会以同样的同情心善待百姓，用同样的"拖欠术"应付上司呢？为证明推测之不无可能，在此再提供一份珍贵文献——英仲公于花甲之年写下的自传体诗《丁酉歌》。歌词凡一百三十六句，言及官宦生涯仅八句，惟此区区四十字，却足以明其心志，见其性情。

五

英仲公生于道光丁酉十七年（1837），《丁酉歌》撰于光绪丁酉二十三年（1897），时值生辰甲子之周。是年夏，英仲公应龙游县乡绅之邀，前赴江南名刹灵耀寺住持。转瞬节令中秋，月明如昼，老人阶前散步，萦怀往事，遂信笔写下古诗长句，将"六十年幻迹备述无遗"。其中"宦迹"一段，歌词如此写道：

> 我性傲且懒，升沉听自然。催科政偏拙，抚字心徒煎。民生无补救，世故厌周旋。薄宦十七载，鸡肋空垂涎。

诗义平白通晓，大意是说：自己生性倨傲懒散，官场沉浮看得很淡；拙于官差催缴税赋，民不抚慰内心熬煎；百姓疾苦无力补救，厌烦世故官场周旋；卑官微职做十七年，如嚼鸡肋食而无味。诗中"催科"、"抚字"二句，典出韩愈《顺宗实录》，是说韩愈的朋友、道州刺史阳城："一不以簿书介意，税赋不登，观察使数诮让。上考功第，城自署第曰：'抚字心劳，征科政拙，考下下。'"所谓"抚字"是安抚体恤百姓之意，"征科"则指催收税赋。后世遂以"抚字催科"组词，专指地方官吏治政。且素有"为令之难，难于催科，催科与抚字，往往相妨"之叹，认为县令最难的差事就是催收税赋，既要抚慰百姓，又要催缴税赋，这二件事本身就存在矛盾。由此可知，诗中"催科政偏拙，抚字心徒煎"二句"内心独白"，正表达了英仲公的为官理念与处事心迹：面对"催科"与"抚字"的二难选择，他宁可"税赋不登"而"考下下"。这首《丁酉歌》附于释开霁撰《僧家竹枝词》卷末，光绪二十四年（1898）夏刻于龙游，板藏灵耀寺，1990年广陵古籍刻印社据以影印。刻本、影本，今皆已难得。

借助《丁酉歌》可以推知：英仲公在桐庐知县任上之所以"亏累数千金"，宜与馀杭"逋负累累"事出一辙，也是因其为纾解百姓疾苦，故意与民"逃税"所致。可他万万不曾想到的是，自己将为这次"故伎重演"付出沉重而惨烈的代价。

如前所述，光绪九年十二月新任桐庐知县上岗，意味着前任严耆孙已在此前被黜；光绪十一年正月《京报》刊载"严耆孙案"处理结果，标志是案已于此前落幕。《普陀洛迦新志》载其"十年甲申冬，浮海登普陀"，说明此时他已变卖家产，偿清"欠税"，了结案件，重获自由。那么接

《僧家竹枝词》及所附
《丁酉歌》书影

下去需要解开的谜团就是：桐庐罢官受罚是否刺激他弃家为僧的直接原因？

有关英仲公出家事佛的记载，最早见于温州文献《张枢日记》。张枢是瑞安士人，咸丰十年（1860）生，字震轩，居杜隐园，号杜隐主人，有《杜隐园日记》遗稿存世，经整理出版改今名。日记中有《赴仙岩过寺听孤峰和尚弹七弦琴》一则，记录光绪十四年正月廿六日，张枢"乘船至仙岩圣寿禅寺访孤峰和尚"，并记曰："孤峰系安徽人，以军功候补知县，曾署馀杭、桐庐县事，获谴褫职，泛海至普陀山出家，旧岁航海来温，卓锡松台山资福寺。"稍晚些的便是撰于光绪二十三年的自述《丁酉歌》，在"薄宦十七载，鸡肋空垂涎"下有诗四句，曰："猛发出世志，入山学安禅。扁舟渡南海，稽首礼金仙。"其下小注云："光绪甲申，渡海登普陀，谒大士，猛思出世，锐志学佛。"再晚些的是民国十二年编纂的《普陀洛迦新志》，其中《开霁传》曰："十年甲申冬，浮海登普陀，礼大士，感宿因，谒法雨寺住持化闻悟。逾年二月，祝发于伴山庵。剃派名源辉，字开霁，自号孤峰。禀具足戒于普济寺，化闻付以衣钵，法派名德辉。"虽然，但细细玩味三处文字，似乎都不能作出"桐庐罢官"直接导致"普陀削发"的解读。至于将二事挂起钩来的说法，始见于民国十五年余绍宋《龙游县志》卷二十四《轶闻》："复署桐庐，又值灾歉，交卸后亏累数千金，因弃家至普陀山法雨寺，削发为僧。"一个"因"字，点出二者"前因后果"关系。据传下小注，这段文字采自龙游士人祝康祺撰《孤峰小传》。祝氏与孤峰，生同时，居同邑，其言可信度相对较高，但《小传》是采访孤峰和尚的记录，还是里巷传闻耳食之言，却很难说。

窃以为古往今来，凡弃家出世、削发事佛之人，多因受某种刺激使然，惟其涉及当事人隐衷，心曲犹自知，终难与人言。英仲公桐庐为官一场，最终却落得罢官抄家的悲惨结局，其蒙受打击之沉重酷烈，衡之以凡人常情，是足以刺激他"勘破红尘"的。常言凡事伤心至极，便是不堪回首。但看《丁酉歌》咏诗回眸平生，从"入塾诵简编"到"投笔从戎旃"，从"初游诸军幕"到"功成各受赏"，从"寻师髡短发"到"野衲踪无定"，老人对自己的每个人生阶段，都有相当具体而细致的情节叙述，唯独中年仕宦一段经历，写得极其疏略，叙事避实就虚，甚至连馀杭、桐庐二处地名都不提起。可见十七载仕宦沉浮，留在老人心底的，直是不忍触碰的重伤深痛。故此，说他因"桐庐罢官"刺激而"猛发出世志"，也未尝毫无理由。然而话须说回来，创伤既重，刺激诚深，虽足以令其看透世情冷暖，但决然弃家事佛也未必是他唯一必行的选择。是否还有其他什么别的因素推动他走出这一步呢？我以为《普陀洛迦新志》释开霁传中"感宿因，谒法雨寺住持化闻悟"一句，似乎值得玩味推敲："感宿因"何谓？"法雨寺住持化闻悟"是谁？

126

造访名教授印象记

华人德

在北京大学读书的时候，我和白谦慎曾登门拜访过几位名教授，有季羡林、魏建功、宗白华、王路宾校长，大多是赵宝煦教授介绍并预约了去的。赵教授是白谦慎所读的国际政治系主任，酷爱书画，满头银发，人很和善，与他相处如沐春风。交谈中，他知道我们很仰慕一些名教授，就主动给我们联系预约了去见他们。我们是"文革"后考进北大的，七七、七八两届连研究生总共才二千多人，老教授对学生很关爱，也没有架子，我们对老教授也很恭敬。

一

季先生家住在未名湖东北面的朗润园，在一楼。那次是我和曹宝麟、白谦慎三人一起去的，主要是去看季先生的收藏，时间大约是1979年秋天。我们寻门牌找到后，是季先生开的门。进门见朝南房里有两位老奶奶坐着在边聊天边做针线。季先生未作介绍，我们也不知怎么称呼，不敢惊动。随着季先生轻轻走到里边的一个朝南房间，房里两边靠墙是两排书架，上面码放着整部日本出版的《大正大藏经》，靠窗是一张旧式的红木书桌，北面是一张红木靠背椅，桌椅左边挨墙是一张单人床，想必是季先生睡的。书桌上早已叠放着几本册页，最上面是一只红木砚盒，册页旁还有几轴手卷。赵教授可能事先对我们三人已作过介绍，并说起去拜访的原因，所以季先生作了准备，从他的藏品中拿出一些来让我们观赏。我们一看到这些手卷和册页上的签条居然是赵孟頫、文徵明等人的大名，都惊叹起来。季先生将最上面的那只砚盒打开，把砚台取出让我们看，是一方端砚，上面有一小块血红的朱砂斑，再细看有砚铭，落有文彭的款。接着就叫我们随意看，我们对这些珍贵藏品不敢触摸，季先生一再说不要紧，这些古代的书画就是让人看的。我于是用手帕擦干净手，先将几个手卷逐一在桌上轻轻展开。我因在东台工艺厂工作过五年，书画卷轴的展收手法十分熟练，赵孟頫写的卷子是绢本，可能是多次装裱的缘故，绢丝有些牵扯，字也因而歪斜变形。我曾脱口说了一句："这字有点靠不住。"但马上觉得失言了，而季先生没有吭声。还有印象深的是：册页中有一本是文徵明的书札，品相很好，字亦精彩。另有一本宋锦面有紫檀木条镶边的宋人团扇册页，因是方形的，比其

128

他册页大，放在最底下，品相也很好，都是画。季先生讲，这是在解放初买到的，只有八百块。我们都说太便宜了。先生说那时什么都不值钱，这张老红木书桌买来才四十元。宝麟和谦慎在北大读书都是带薪的，带薪的学生就算是富人了。我是拿最高助学金，每月十九元五毛，节约些也勉强够生活了。三十年间物价较稳定，比50年代初至多翻了个倍。但以后老百姓生活是越来越好了，而物价在三十年间几乎翻了一千倍，艺术品更有翻了百万倍的，真不可思议。书桌南面是窗户，窗台上放有许多小锦盒，季先生拿了几只打开来给我们看，都是上好的寿山、昌化石章。"文革"刚过不久，学校里治安较好，窗外即是道路，这些放窗台上的"宝贝"居然都安然无恙。他还撩起垂下的床单，指着床底下一只贮放书画的长樟木箱说："搬起来不方便，不然多拿些让你们看看了。"我们连说已经大饱眼福，不敢再添麻烦了。不知不觉已待了有个把时辰，临走前我看到书架上塞着一张旧的镜片，抽出一看，是吴昌硕画的花卉，已落有灰尘，轻轻吹弹后，又放回原处。书架下有只镜框放在地上，斜靠着书架底层挡板，细看镜框里是一张齐白石的画，有一只蛾子还贴着画在爬，我把镜框提起来，轻轻按着玻璃把蛾子压死。房门后还竖靠着一顶卷好的画轴，比人还高，估计是幅八尺中堂，我们问是谁的作品，季先生说是八大山人的画。因为房间两边放了两排书架，过道就狭窄了，这么大的画根本无法展开。告辞后回去的路上，我们因第一次亲自展观许多宋明以来名家的真迹，都很激动。自然也谈到这么珍贵文物，"文革"时在北大这个风暴中心居然未遭损毁，真是奇事。季先生是一级教授，学术权威，受到冲击是肯定的，这些文物、书籍被抄去后，在"文革"后又都发还了，大致情况可能就是如此，具体过程和有无损失，都不得而知，我们也没有问季先生，这种经历，任何人回想起都会痛心的。我们三位普通的学生初次去拜访，他就拿出那么多藏品让我们随意观赏，他真诚、大度、豁达的高尚人格令人感动。季先生晚年把他的藏品悉数捐赠给了北大，我亲耳听他讲的："书画就是让人看的。"或许就是他捐赠的愿望之一吧。

我在北大读书四年里，与季先生见面有多次。我因七七、七八两级同学为母校捐建蔡元培铜像的事又去过他家一次，将另文详述。其他都是在公共场合。

二

在1979年深秋的一个夜晚，白谦慎和我二人去拜访了宗白华先生。那时谦慎对美学很有兴趣，也常常思考一些书法美学问题。因此，这次拜访是我陪他去的。宗先生也住在未名湖东北面，前面有个枯涸了的大池塘。开门的是宗先生的夫人，人很清健。我们说明是约见宗先生的同学，她把我们带到宗先生书房就离开了。书房较大，宗先生坐在藤椅中，天并不太冷，但是已穿了棉袄棉裤，白发乱蓬蓬的，说话声音很低，精神不太好，像是在生病或是病后的状况。我们自己搬了凳，坐在他的近旁。宗先生是常熟人，我是无锡人，谦慎兄在上海长大，是小同乡。主要是谦慎兄在请教一些美学方面的问题，我因听觉不是很好，宗先生讲话很轻，所以交谈的内容我没有听清多少，至今已一点都记不得了。环顾书房，陈设很简单，藏书不多，北墙正中挂了一幅油画，是徐悲鸿画的宗先生年轻时的肖像。画框下面地上，有两摞齐膝高的珂罗版线装画册，是民国时常见的书画印刷品，大小不一，约有上百本。坐了有十多分钟，宗夫人在书房外咳嗽了两声，我知道这是在提醒我们了，但宗先生谈兴正浓，我们不便打断告辞。不一会，宗夫人探身进来，向先生讲，该吃药了。我们也应声起立，向宗先生鞠躬告退。

我和白谦慎约见魏建功先生是在冬天了。魏先生是中文系四位一级教授之一，其他三位是游国恩、王力、杨晦，游国恩已去世了。赵宝煦先生知道我自学过文字学，就介绍我们去请教魏先生，并讲魏先生不善言谈，著作也不算多，但是学问很好，曾主编过《新华字典》。另外，魏先生也精通书法，写一手六朝写经体，去讨教书法，也是我们拜访先生的主要目的。我们踏雪到燕南园，燕南园是宿舍楼出来去图书馆的必经之地，路很近。魏先生住园西，是平房。进他家，见先生一个人在家里，客厅铁炉生了火，很暖和。只见书桌上放了一只打开的空骨灰盒，走近一看，盖子边沿写了一排小字，是先生刚为翦伯赞教授题写的。翦伯赞是历史系一级教授，并兼北大副校长，1968年12月19日夫妇服安眠药一起自杀。他们两人辞世已十一年了，这骨灰盒可能是象征性地安放一两件遗物用的，我们也不便多问。我请教了一些文字、音韵、训诂方面的问题，就和谦慎兄一起拿出所写的字请他指教，魏先生奖许了一番后，指着我的一幅行书说："我听我老师说过，写字不要歪斜攲侧，要平正端和。"我追问说："您的书法老师是谁？"他说："是沈尹默先生啊。"那幅字有一行我有意将中间的三个字左右摆列，不在一直线上，以取动势和变化，是学的苏州一位老书家的章法，不料受到魏先生婉转的批评。在先生家坐谈了约一个半小时才告辞。以前我也常听到王能父先生讲，写字要出于自然，不能做，做不完全是指做作，描头画角，有意战掣抖动（非因年老而不能自控），过度经营摆列，都是在"做"。东坡老笔作稚态，山谷稚笔作老态，苏字烂漫，黄字安排，二人俱为大家，而高下可以立判也。当时已快到期终考试了，而我脑子里一直在思考传统伦理对中国书法创作和欣赏的影响。

寒假结束，返程时火车极挤，我从苏州上车，有时要过了济南甚至天津才能坐到座位，那时车慢，要立八九个小时。到校后为了消除疲乏，总是先去海淀浴室泡个澡。在浴池里碰到了赵宝煦先生，我问他新年好，他和我寒暄了两句就轻轻告诉我："魏先生过去了。"我没听明白，问："魏先生怎么了？""过去了，魏建功先生去世了。"他看我一脸惊愕，说："过年前，魏先生因前列腺毛病去医院动手术的，上了麻醉后，在手术台上走掉的。"过后，魏先生慈祥和循循善诱的音容时时浮现在我眼前。

三

赵先生听我言谈中曾讲起想学古文字而不得门径，就帮我联系了裘锡圭老师。裘老师是我钦仰已久的一位古文字专家，一直以为他也是位老先生，听系里老师讲，他只有四十来岁。赵先生告诉了我裘老师住的地址与约见的时间后，还特意叮嘱了一下，说："裘锡圭虽然还不是教授，但他的造诣之深，并不在一些老教授之下。他家地方狭小，夫人刚养了小孩，人多了不好接待，你就一个人去吧。"

早春北京天还较冷，我吃完晚饭，从未名湖水塔旁边的小门出去。小路上没有人，路灯昏黄，我寻到裘老师的住处，他家也在一楼。裘先生把我领到楼梯下一个小房间里，里面仅可放下一张单人床、一张小方桌和一把椅子，桌子上堆满了书和卡片，卡片都是用白纸裁的，椅子上也放着书和卡片。他把椅子上的书和卡片放到床上，让我坐，并泡了杯茶，他自己就坐在床沿上。刚坐下，听到走道对面房间里婴儿在哭，接着他夫人在喊他，他叫我稍坐，就急忙跑了过去。我想，北大年轻教师生活条件真是艰苦。裘老师要写作，就得把桌椅上的书、卡片搬到床上，要睡觉就得把床上的书和卡片堆到桌上，有人上下楼梯都会影响到他的工作和休息。我想，我应直截了当提出问题向他请教，不能多占用他的宝贵时间。等他回来，我说我多年来看了一些文字学方面的书，主要有《说文解字》以及清人研究《说文》的相关著作，还有当代人写的几本书，我想学古文字。他说："有关《说文》的学问都给清人做完了，要是在这方面花工夫不会有重大突破了，最多小订小补。《说文》是梯子，没有它，许多字会无法释读，研究古文字最大的拦路虎是海外的许多资料和研究成果看不到。"我惊奇地问："像您这样的专家还看不到吗？"他说："是的，非但海外，就是国内一些文物单位和研究机构所持有的资料，也不会让你知道或允许你看。"裘老师讲话很直率，也很真诚。临走，裘老师问我是哪里人，我说是江苏无锡人。他说："无锡有个国学专修馆，出了很多人，唐兰先生就是国专毕业的。"我说："我小学读的是锡师附小，无锡师范和附小与文庙、国专夹河相对，国专的地方是文庙东面尊经阁周围的院子。那条小河在50年代填了，和夹河两条小路合为一条马路，就叫学前街。我的一个朋友的同学叫何山，他的外公和唐兰是同窗。毕业时，他外公是第一名，唐兰是第二名，成绩是唐兰好，但校长唐文治还是老派标准，把德放在前面，唐兰就屈居第二了。"裘老师笑了，幽默地说："那唐兰先生是德不如人咯？"我也笑了，不久前我正好读了唐兰的《中国文字学》。

自从到裘老师家去后，听说高明老师在为历史系考古专业讲授古文字课，我就去旁听，仅讲十堂课左右就结束了。就此我在文字学上不再去下功夫了，对古文字也渐渐失去了兴趣，转向了碑刻。

相知无远近　交情老更亲

——唐长孺与谷川道雄的交往与友谊

李文澜

　　业师唐长孺先生享誉海内外，然而由于众所周知的原因，直到上世纪80年代他才同海外学者有直接的交往。由于工作的关系，我亲历并见证了唐师与日本学者谷川道雄教授的结交与友谊，今撷取几桩逸事以志缅怀。

一

　　谷川道雄（1925-2013）先生是日本著名的历史学家，京都学派第三代巨擘，日本中国史研究领域的领袖与旗帜。我开始认识他是缘于一篇论文。

　　1979年准备撰写硕士学位论文《唐代职田制度研究》，唐长孺师令我作学术史的考察，他特别叮嘱要注意日本学者的研究成果，不可疏漏。几经检索，在北京图书馆查到了两篇日本学者的相关论文，其中一篇是谷川道雄1953年发表在《东洋史研究》（第12卷第5号）的《唐代的职田制度及其克服》。论文说唐代前期职田上的劳动者是"均田农民"亦即自耕农，我则认为，职田既实行租佃制，那么职田上的劳动者应是无地或少地的佃农，而不是自耕农，因此撰文批驳，唐师阅后指出我的看法是"大误"，说"谷川的见解是对的"。为引申谷川的观点，唐师特别批示说："唐代职田主要是由户籍上有名的'居人'即普遍称之为'百姓'的人租佃，这同私家庄园使用浮逃户有明显的区别。在政府看来，农民逃亡是犯法的，自然不会把职田（以及其他官田）出租给非法的逃户或其他依附者，官府所能调配的职田佃人，只能是在籍的自耕农、半自耕农。"唐师及时纠正了我的论文偏差，同时我记住了谷川道雄这个名字，也切身感受到唐先生对日本学者研究中国史的关注和重视。

唐先生对日本学者研究的关注经历了一个特殊时期。中日两国恢复邦交之前二十多年间的隔阂，获取信息不易，常常给研究带来困难或尴尬。唐先生曾在一篇论文的"附识"中谈到：

> 我于数年前讲授隋唐史，即持大索貌阅实只大业五年一次之说。后得读日本砺波护氏《隋的貌阅与唐初的食实封》（载《东方学报》三七,一九六六）一文,

已有此说，但没有详论，疑日本学者别有论文。本文撮取旧讲义的一节，所论不知是否与日本学者相符，如果暗合，则本文草写在后，不敢掠美。（《读隋书札记》，收入中华书局版《山居存稿》）

"附识"记录了因缺乏交流而造成的遗憾，同时显现了唐先生崇高的学术境界和严格的学术自律，这也是他深受日本学者景仰的一个重要原因。

　　日本学者一直关注中国史学研究的动向和成果。谷川道雄先生曾回忆，上世纪50年代，日中两国尚未恢复邦交，他有幸读到唐长孺先生的《魏晋南北朝史论丛》（三联书店1955年版），"产生了一种十分亲密之感，而这是从其他中国学者的著作那里感受不到的"。他的导师宇都宫清吉教授也评价说："这部书有些地方与我们的研究观点十分接近"。他们认为，唐长孺的研究，并非套用现成的理论，也不拘泥于固定的观念，而是从实证上揭示魏晋南北朝的时代特征及其本质，对此"最为钦佩"。当时谷川道雄刚从京都大学毕业，进入名古屋大学文学部东洋史研究室作研究助手，正是迷茫之际，深感唐长孺的著作对自己起了"巨大的引导作用"，他说："作为一个研究者，遇到这样一部著作，真可谓幸运之极。"（《受教四十年》，载《魏晋南北朝隋唐史资料》第二十一辑，以下引谷川言论未另注明出处者多引自此文）

　　道合为朋，志同为友，唐长孺先生的学术成就和高尚
的学术美德，谷川道雄先生对唐长孺教授的景仰和敬重，
是他俩建立交往与友谊的基础。

二

　　唐先生第一次与谷川道雄见面是在日本京都。1980年
11月至次年3月，应京都大学人文科学研究所川胜义雄教
授（1922－1984）的邀请，唐先生以"外国人客座教授"身
份赴日本研究、讲学，下榻于京都近卫会馆。

　　唐先生是在校方特别照顾下到访日本的，百感交集。
那时，谷川道雄先生任京都大学文学部教授，与川胜义雄
是同道知己，对唐先生的到来，他想到："1980年距'文
化大革命'结束不过几年，在那段岁月中，许多学者都大
小遭受了不幸的命运，唐先生的好友汪籛先生即为其中的
一位。当唐先生来到社会风气迥然不同的日本，不知他有
何感触呢？"唐先生当然不知道谷川的这一想法，但他用
行动作出了回答，即所言所行皆围绕学术交流，潜心于专
业。虽然随行者不会日语，也非中古史专业人员，给双方
沟通造成困难，但日本方面用心给予了弥补，唐先生得以
克服障碍，以文会友，很快与川胜和谷川先生相知相识。

　　唐先生曾两次造访谷川在京大文学部内的研究室，专
门考察了日本宫内厅书陵部藏北宋版《通典》。谷川教授向

唐长孺先生1981年3月在京都
大学发表演讲"魏晋南北朝时
代的客与部曲"

唐先生请教了六朝史的社会性质问题，围绕这一问题的具
体讨论，唐先生在日本"中国中世史研究会"与东方学会
联合召开的演讲会上作了题为"魏晋南北朝时代的客与部
曲"的演讲，聆听演讲的谷川、川胜二位教授感到特别荣
幸，这是因为，"中国中世史研究会"是他们二人共同创建，
团结了日本专注于中国中世史的许多学者，唐先生的演讲
给了他们有力的支持和启发。川胜义雄教授满怀热情及时
将演讲稿译成日文，发表在《东洋史研究》第40卷第2号
上。唐先生还曾在东京作过关于"新出吐鲁番文书的发掘
整理经过及文书的简介"的演讲。池田温教授评论说，京

都、东京"这两次演讲别开中国中古社会史之新生面，给我们留下了深刻的印象"。

唐先生访日宣讲学术，传播友谊，大获成功。回国前夕特赋诗赠川胜教授等友人，诗曰：

> 现说天涯若比邻，蓬瀛飞渡觉身轻。唐风已自忘游旅，汉学由来重洛京。史迹千年勤禹域，灵文三洞探玄经。流风几辈传薪火，合向鸿都问老成。

此诗后收录在王素笺注《唐长孺诗词集》（中华书局2016年版），唐先生曾释云，"'老成'指宫崎市定"。宫崎为日本京都学派第二代领袖，川胜义雄、谷川道雄则是第三代旗帜，先生盛赞京都学派"流风几辈传薪火"，欣慰东瀛有知己，"现说天涯若比邻"。

作为答谢，唐先生盛情邀请川胜义雄教授访问武汉大学，川胜很高兴地接受了邀请，满心期待到武汉与唐先生再次相会，不幸天不假年，他因癌症

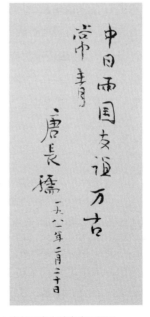

唐长孺先生首次访日题词

辞世，未能实现访问武汉大学的愿望，抱恨终天。

川胜先生未能实现的凤愿后来谷川道雄先生实现了。

1983年10月，谷川道雄教授随日本唐代史研究会访问团第一次来到中国大陆，访问团主要目的是赴成都出席中国唐史学会（当时称唐史研究会）年会，其成员都是日本知名学者。当他们兴致勃勃赶赴成都时，却被告知外国人不能与会，着实令双方难堪。作为一种补救，中国方面在四川大学举行了一次座谈会，中日两国唐史研究学者得以相聚一堂，进行了礼节性的交谈，会后举行晚宴，唐长孺先生与谷川道雄教授同席入座。席间，唐先生向谷川赠送了有他题款的《魏晋南北朝史论拾遗》（中华书局1983年5月出版）。这部著作的首篇《魏晋南北朝时期的客和部曲》，唐先生访日时曾作过学术演讲，前揭川胜义雄先生译成日文率先发表，它是中日两国学者学术交流的见证。

三

我第一次见到谷川道雄先生是1984年。这年6月，中国社会科学院邀请谷川教授来华进行学术访问，继北京、西安后，第三站便是武汉。先生来汉，我负责接待并安排一切。事前准备，了解到谷川道雄先生学术成就之外，还是一位对我国十分友好的学者，中国开放后，他为我国历史学家了解日本做了大量工作，我访日学者得到他的热情接待和关照，提供了许多方便，这在日本著名学者中还是极其难得的。

6月10日，谷川先生下榻汉口江汉饭店（原德明饭店，一座历史悠久的法式建筑，英国作家詹姆斯·迈克马努斯的小说《黄石的孩子》里描述过它），初次拜访，当他得知我是唐长孺教授的学生时，炯炯有神的眼睛一下子透出兴奋的光芒，他紧紧握住我的双手说："很高兴见到唐先生的高足，我这次专程来到武汉，就是希望拜访唐长孺先生。"

因为唐先生，我们一见如故；因为唐先生，武汉是谷川教授神往的地方。他告诉我，自己是怀着"朝拜"的心情到访武汉的，"由于是第一次，所以当从西安出发的列车到武汉时，我竟错把汉水当作长江，而着实兴奋了一阵"。为满足先生的愿望，第二天傍晚，朱雷教授和我陪同他漫步长江大桥，欣赏宽阔深邃、磅礴大气的长江风光。在大桥上，谷川先生直呼长江"伟大"，他联想比较说，"京都的鸭川就是一条小水沟"。我发现，谷川先生在汉的几天，常常拿武汉所见与京都相比，言语之中饱含对武汉的钟情和偏爱。

11日，谷川先生造访他心仪已久的武汉大学。唐先生在他的茝香馆客厅接待了这位东瀛客人，第三次见面了，相见格外喜悦亲切。谷川向唐先生赠送了他的著作和礼物。意外惊喜的是，他竟然见到了妻子谷川良子40年代在奈良女子高等师范学校的同窗徐秀灵女士。徐女士是唐先生为中国三至九世纪研究所特别聘请的日语专业教师，唐师要求学生务必掌握日语文献阅读能力，以便吸取日本的学术研究成果。谷川先生对唐先生重视与日本学术沟通的远见卓识表示由衷的钦佩，同时为日本治中国史学者这方面差强人意感到惭愧。

从唐府出来，我们陪同谷川先生游览武汉大学校园，先上珞珈山麓的行政大楼顶层，后登上武大标志性建筑老图书馆，俯瞰四周湖光山色，校内满园苍翠，古典建筑典雅巍峨，现代高楼拔地而起，谷川先生陶醉了，他盛赞这是中国最风光绮丽的大学。中午副校长吴于廑教授宴请谷川先生，席间谷川先生馀兴未了，谈起了美不胜收的武大校

1984年6月谷川道雄教授拜访唐长孺先生（唐刚卯提供）

园，当提到老图书馆时，吴校长介绍了这座图书馆建于民国时期，是中西合璧的建筑，整体外观为传统殿堂式风格，飞檐画角，龙凤卷云，完整地体现了中国宫殿式建筑的威武和庄严，内部则采用了西式的回廊、吊脚楼、石拱门、落地玻璃等，有现代图书馆的功能，不过太过逼仄，已经不能满足师生的需求。谷川先生频频颔首，感叹地说，日本的大学，特别是京都大学校园更是狭窄，拥挤不堪。吴校长说，学校在建的现代化大型图书馆，一万五千平方米，虽说功能齐全，但不是很完美，琉璃瓦屋顶与主体建筑不成比例，好像大胖子头戴一顶小帽子。唐先生听着微笑不语，谷川先生风趣地回答说：有顶小帽比没有好，还是"中

谷川道雄教授（右四）与唐长孺先生、吴于廑副校长（右三）等合影

西合璧"。当时的情景，不禁想起刘禹锡的"谈笑有鸿儒"。

下午，唐先生率三至九世纪研究所师生与谷川道雄教授座谈并交流。谷川教授主要阐述了他独创的理论"豪族共同体"，自上世纪70年代以来，这一理论遭到学术界颇多非议，日本学者进行了类似欧洲中世纪天主教会的"异端审判"（川胜义雄氏的比喻）。对于当时还坚持"阶级斗争，这就是历史"的大陆学人来说，对谷川理论难以理解是不言而喻的。所以，谷川教授在武大行政楼会议室做完演讲后，三至九世纪研究所的师生与客人展开了求同存异的讨论，核心问题是"阶级和共同体的关系"。陈仲安教授的归纳具有代表性，他说："共同体中的阶级关系是一个值得关注的问题"，谷川的理论说明了"阶级与共同体有调和的可能性"。关于日本学者所说的"豪族"，中国学者一般称为"世族"，唐先生指出"世族、庶族是表示身份的概念"，世族同一般地主的区别是"世族有免役的特权，因而庇护了奴客"。二位先生指明了理解"豪族共同体"的切入点，"庇护"尤其是画龙点睛。谷川先生表示，唐、陈"两先生意见完全正确"。讨论中，还提出了一些思考性的问题，如豪族共同体是否动荡不安社会的特有现象？如何定位自耕农同政府的关系？豪族共同体在南朝存在吗？思想交流的火花点燃了谷川教授的激情，他深深感受到"唐先生领导下的研究所整体有极高的学术水准"。

谷川先生离汉时，唐先生携徐秀灵老师等亲自到宾馆送行。临别之言，唐先生谈到了学术交流的必要性。他说："我写《九品中正制度试释》，了解到宫崎先生的《九品官人法的研究》，撰写《魏周府兵制度辨疑》，知道滨口（重国）先生作了许多研究。"谷川先生"铭感唐先生的博学之言"。

谷川道雄第一次访问武汉虽说才短短几天，但"却感受到了春天般的温暖"，感受到唐先生的"知遇之恩"。而唐先生强调学术交流的必要，促使他萌生建立两国、两地（京都、武汉）学术交流机制的愿望，为此，离汉前便"同李文澜先生约好为日中学术交流牵线搭桥"。

自此以后，在唐师指导下，我与谷川先生为武汉—京都学术交流"牵线搭桥"的工作连绵二十馀年。

（本节记谷川先生访汉时的言论，除笔者记忆外，主要引自他的《访中日记抄》，载《名古屋大学东洋史研究报告》，1985年8月31日发行。）

四

1986年，唐先生领导我们做了一件他称之为"古史开新貌"的工作，这就是开展长江中游区域经济与社会的研究。先生责令我联络、组织一次"三至九世纪长江中游社会经济学术讨论会"，这是学术史上第一次讨论中古长江中游区域经济与社会发展的全国性盛会，会议由中国唐史学会、武汉大学历史系、湖北省社会科学院历史研究所联合举办，唐先生亲自主持。来自全国八十多位学者努力将考古资料、古代地理、气候、水文等生态方面的资料和历史文献结合起来研究，总结这个时期经济与社会曲折发展的进程及经验教训，学术研究气象一新。

这次研讨会没有邀请外国学者，但我还是向谷川道雄先生转告了唐先生开拓新的研究领域的意向，他表示了极大的支持，特地为讨论会提交了专文《六朝时代的襄阳与江陵——日本关于长江中游史的研究》，该文后收入讨论会论文集《古代长江中游的经济开发》（武汉出版社1988年版），唐先生撰写序文，有如下一段话：

> 这本论文集还特别收录日本京都大学谷川道雄教授的文章。谷川先生介绍了日本学者对长江中游地区历史研究的现状和成果，表示了对我国"三——九世纪长江中游社会经济学术讨论会"的关注和支持。日本友人与我们共同研究，探讨问题，切磋学术，必将促进中日两国史学工作者的学术交流和友谊。

事实正如唐先生展望的那样，中日学者学术交流向深层次发展。就在唐先生倡导区域经济与社会研究后不久，谷川道雄先生也提出了"在地域社会的视野下展开日中共同研究的建议"，这个建议"唐先生给予了深刻的理解和支持"，谷川备受鼓舞，特别表达了"不胜感激"之情（1986

年4月13日来信）。他的建议后来被日本学术振兴会第一次列为向中国社会科学院提出的海外共同研究项目，项目名称是"地域社会在六朝政治文化上所起的作用"。令谷川先生感动的是，当他向中国各地大学及研究机构提出这个共同研究项目后，"最积极响应的是武汉大学，在唐先生的领导下，其许多弟子都写了论文"。谷川说："这对我们是莫大的激励！"（1987年7月21日来信）

这次中日共同研究中，唐先生撰文《汉末学术中心的南移与荆州学派》，论述了在汉末政局安定、经济发达区域形成荆州学派的过程及意义，其多名弟子亦分别论述汉魏六朝荆州、襄阳地区的大族、佛教、社会等问题。而谷川先生课题组成员，有以研究荆州学术著称的吉川忠夫教授，提出"开发型豪族"经略襄阳的上田早苗教授，以政治史的观点讨论六朝时的襄阳与江陵的安田二郎教授，以及研究江南地域社会的中村圭尔副教授等。两国学者在研究空间上有了契合点，共同研究得以有实质性的交流。

1987年5月，谷川道雄教授率日本历史学者代表团一行六人访问我国，先后经北京、石家庄、郑州，28日抵达武汉。代表团主要活动是在武汉大学进行共同研究的学术交流。唐先生就汉代与六朝时代的不同特质以及中国古代历史分期等问题发表了看法，实际上回答了谷川先生关于六朝究竟是什么样的时代的提问。唐先生还特别提到，此次交流中，吉川忠夫教授与朱雷教授的论文报告题目非常相似，这与其说是题目相同，倒不如说是学术观点一致，令人欣慰。

此次中日国际共同研究成果最后由谷川先生编定，收入《地域社会在六朝政治文化上所起的作用》论文集（日本玄文社1989年版）。谷川先生后来动情地说道：论文集"撰写者共二十八人，而出于唐先生门下者就有十二位，仅此一事，让我深深感受到了唐先生的恩义之情"。他的肺腑之言，源自唐先生对日本学者的理解和尊重、思想观点的坦诚交流以及真诚的合作。而谷川先生的谦逊和大度，也给我留下了深刻的印象，举两个例子稍作说明。

谷川先生率领的日本历史学者访华团，还有个目的是实地考察。我陪同他们考察了武汉、荆州、襄阳、随州、大冶铜绿山等地古迹名胜，详情自不待言。惟有接待过程中的不如意，令人汗颜。访华团成员大都是日本著名学者，多人第一次来汉，他们抵汉下榻江汉饭店，晚上却被告知没有热水供应，据说是锅炉坏了，这可是武汉老资格的涉外宾馆啊！着实给外宾泼了一头冷水。长途跋涉到襄樊（今襄阳市），住进襄樊宾馆（全市惟一涉外宾馆），却被安排在一层偏僻阴冷的房间，服务员打开房门，一阵霉气扑鼻而来！要求调换房间，被告知因开三级干部会，没房间可调。岂不知外事活动半个月前就通知宾馆了啊！住不如意，行也不佳。各位教授分乘皇冠轿车，虽说舒适，但路况不好，颠簸不说，车行过后尘土飞扬，半天下来，车上

1987年7月谷川先生来信，为"日中共同研究"（武汉站）取得圆满成功向唐先生等表达谢忱

布满灰尘。日本学者笑称："我们是风尘仆仆呀！"更麻烦的是，国道上几十上百公里不见公厕，无奈只好车行到前不着村后不着店处下车方便，教授们戏言："我们成了流民啰。"凡此种种，不见谷川先生一行有任何不满和抱怨，倒是谷川先生反复安慰我不必介意，我体验到他的理解和宽容，这一点在学术交流中更显突出。

在武汉的学术讨论会上，曾有一位年轻的博士站起来评论"共同体"理论，批判意见不言而喻，他还就豪族"俭约廉洁"、"轻赋好施"、"自我规制"在克服阶级矛盾、维持"共同体"方面的作用等问题，提出了质疑。谷川教授

151

认真听他侃侃而谈，耐心仔细作答辩，在历时一小时的"磋商"中，谷川先生的谦和宽容、大雅宏达，令人铭刻不忘。

年轻博士的质疑并非个案。囿于某些理论和正史记载的局限，我们对谷川先生提出的"地域社会"及"共同体"理论往往缺乏深度认识，存在诸多偏见。令人欣喜的是，唐长孺师的再传弟子魏斌教授弥补了这一缺憾，他说："历史学要探讨的根本问题，终究仍是个体或人群在特定社会秩序中的生存过程。"（《"山中"的六朝史》，第11页，三联书店2019年版）这不正是同前辈谷川道雄先生的心灵对话么？他的《"山中"的六朝史》，考察的是六朝"山中"的"文化共同体"（第6页），这不是另一种形式的"地域社会"么？正如谷川道雄先生的高足都筑晶子教授所点评的，"六朝时期的'山'，以不同于正史等王朝中心叙述的角度，述说着政治权力形态、社会身份秩序、南人和北人的关系、侨民的土著化等六朝史固有的问题。魏斌不是从表层来理解'山'这一地理空间，而是挖掘山中世界背后所隐藏的政治、社会问题"。不妨说，这是"地域社会在六朝政治文化上所起的作用"课题延伸的新成果，也是唐先生和谷川先生建立的学术交流机制绽放的一朵新葩。

五

唐先生和谷川先生都寄希望于下一代，殷切希望两国交流薪火相传。

谷川先生在京都热情接待了一批又一批到日本访问、进修的武汉学者，培养了多名中国留学生。1992年3月，犬子留学东瀛，师承谷川先生，唐师获悉后十分欣慰，默书旧作七律一首以赠谷川先生，诗云：

　　霁雪澄辉一起予，披帷兀对素天虚。浮空眼缬瞳晓日，环坐光摇寂寞居。岁月无多思补过，湖山信美欲搴裾。映窗自把雕虫笔，摸象扪盘强著书。

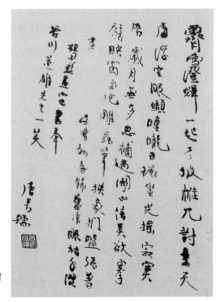

唐长孺先生1992年书赠
谷川道雄诗作手迹

唐先生落款云："壬申初春录旧作，眼枯手涩，粗具点画而已，书奉谷川道雄先生一笑。"是时唐师视力几近失明，他摸索着书写，诗的末句及落款已然倾斜，其"壬申初春录旧作"七字因笔锋发叉而字迹成双，这已经不是一般意义的书法作品了，字里行间饱含唐先生对谷川先生的深情厚谊。

据王素兄笺注《唐长孺诗词集》录载，这首诗初作于1984年，有先生手书，末署"甲子冬末晓起雪霁，唐长孺"。1992年唐师录旧作赠谷川先生，诗句已有多处变动，恐事出有因。原诗"涂鸦"改作"雕虫"，对外国友人而言，有庄重谦称的意味。"扪烛扣盘"成语改作习见俗典"摸象扪盘"，以期外国友人更易理解。（"扪盘"一词，唐师故乡"南社"诗作常见。）王素兄对唐师赠诗有深度解读："先生素来关心门生，爱屋及乌，默书旧作以赠谷川，亦含托庇关照门生子息之意焉。先生用情，可谓深矣！"（《唐长孺诗词集》，第97—98页）

谷川先生得唐先生墨宝，即以浅蓝花绫衬裱，配圆角仿古框，挂置在研究室书房。2001年12月，我赴日参加"魏晋南北朝隋唐时代的历史特质"国际学术讨论会，在谷川先生的研究室，他特别邀我在唐先生诗匾前合影，以表达缅怀之情，时唐先生已辞世七年了。目睹诗匾，感慨万千，唐师托庇关照的门生子息，在谷川教授和都筑教授精心栽培下，学有所成，亦可告慰先师在天之灵。

唐先生于1994年10月14日不幸去世，谷川先生悲从

2001年2月作者与谷川先生在唐长孺先生诗圃前合影

中来，发来唁电称：唐长孺先生"不仅是一位杰出的历史学家，也是我们日本中国史同行最尊敬的师长，他的学术及其为人将永远为我们日本学者所怀念"。

六

唐先生去世后，谷川先生继续保持同武大三至九世纪研究所的交往和友谊。

2002年秋，谷川受聘为武汉大学兼职教授，来汉讲学两个月，系统讲授了他的史学理论。我曾撰文《共同体理论：解释中国"人"的历史——评谷川道雄先生的历史观》，

以一个中国学人的视角评论谷川的史学理论，同时意图澄清国内学界的某些误解和偏见。谷川先生认为评论文章对他的理论"没有丝毫误解"，来信表示："对先生您所做的正确而深刻的理解，由衷地为之心折，至为感动！先生的这份理解和同情，令我感激莫名！"他特别谦逊地说："我原本属于浅学菲才之人，没有什么值得一提的学问和研究成果，但是能得到您的错爱，并向中国的学术界做一介绍，对我而言，可以说是一份望外之喜。"（2012年1月6日来信）

　　谷川先生晚年作出了一个重大决定，即将所珍藏的图

谷川道雄教授赠
书文库（部分）
（李永生摄）

书文献数千册捐赠给武大三至九世纪研究所，该所为此特设"谷川道雄教授赠书文库"，文库遂为中日学术薪火相传的象征。

谷川先生如此执着于对中国历史的解读，如此热衷于与中国学者的友好交流，究其原因，前揭唐先生的道高德重、笃厚谦逊乃主因而外，还有以下两点：

其一，"学问共识"。谷川先生说过，"中国史是我的情人"，因此，特别珍惜日中两国学者在中国史研究中的共识，他说："当以西周或秦汉为中国封建时代开始的学说在中国学术界占据主流时，唐先生毅然提出了三至九世纪为中国历史上的中古时期这一不同的主张"，"正是这一重要的学问共识把唐先生门下的诸位先生与尊奉内藤湖南为祖师的日本研究者们连接在一起"。

其二，谷川先生的个人经历。他热爱中国，曾对我说："我本应是中国人，是上天错把我托生在日本。"我们第一次见面，他即满怀义愤谴责日本侵略者对中国的蹂躏，在多种场合向接待他的中国人鞠躬道歉。记得一次我陪他游黄鹤楼，面向使他感到震撼的浩瀚长江，鸟瞰气势磅礴的武汉三镇，我们谈到了当年惊天地、泣鬼神的"武汉大会战"。我提到曾在京都出町柳公园见到的一座纪念碑，那是当年的"祝武汉陷落纪念"碑，虽然日本早已战败投降，但这座碑还存立在公共场所，只不过"武汉陷落"四字已经锤凿，但字迹依稀可辨认。谷川先生说，侵略历史是抹不掉的。他回忆说，1938年日本倾全国之力，艰难攻占武汉后，各地城市张灯结彩，举行大规模的祝捷会，游行庆祝，举国疯狂，那时他是初中生，也参与其中。1945年4月他考入京都大学文学系史学科（中国史专业），8月日本投降，"二战"结束。作为在十四年日本侵略战争中成长起来的学生，谷川先生与同时代的青年一样，面对日本战败的事实，一度彷徨、迷茫，他在《研究生活四十年》中回忆说："对于战后的我来说，最大的课题是自己今后应该树立什么样的思想，应该怎样活着？"经过痛苦的挣扎，他选择了左翼知识分子之路，对自己国家发动侵略战争的罪行进行深刻反省，对日本右翼美化侵略的教科书奋笔撰文，彻底批判。显然，谷川道雄先生对中国及中国学者的友好情结，是建立在深刻的历史反省基础之上的，因此，理性而真诚。

2013年6月7日谷川道雄先生不幸因病辞世，哲人已去，道范长存。我们欣慰地看到，唐长孺先生与谷川道雄先生开启的交往和友谊已然得到继承和发展，两位大师的弟子门生正在谱写新的篇章。

附记：

本文撰写于2020年春节封城时，《掌故》第八集于2021年刊载，恰逢唐长孺师诞辰一百一十周年，谨奉以纪念。

记钱锺书与饶宗颐往来通函

沈建华

　　犹忆90年代，"大师"的称号俯拾皆是，泛滥各地，成为一时社会风气。1991年10月，我因饶先生邀请到香港中文大学合作编著《甲骨文通检》一书，在饶公身边工作，那时我很自然地想知道饶公对于"大师"称谓的看法。有一天，饶公告诉我80年代初他与钱锺书先生通信时钱先生称他"大师"事，对于"大师"称呼，他和钱先生且有过讨论。两位大师谈"大师"，这实在是一风雅典故。"锺书先生，既刻薄，又不失幽默、风趣、俏皮，恐怕没有第二人。"饶公的这番话，进一步诱发我的好奇心，他俩互函究竟是怎样一回事呢？于是说好饶公从家里把当年钱先生和他的往来信函传真给我，那是1999年3月的一个上午，不过饶公有个要求，希望我将来能把他和钱先生的这段交往写下来发表。

多年和饶公在一起工作，我知道他素来给朋友写信不留底稿，但给钱先生的信竟然有心留了复印件，实出我意外，这显然是有意为未来写这段故事做准备的。遗憾的是发到中大研究所传真机的信札字迹十分模糊不清，一问才知，钱先生给饶公的信是托中华书局的傅璇琮先生代转，钱先生原信被他收藏留下，只把复印件给了饶公，经再传真字迹自然不清楚。饶公给钱先生的复函底稿，为便于我抄写，他特意加了注，至今我还留有饶公的这件墨迹。

蓦然回首，惊觉岁月过了二十一年，这两封传真信稿，一直被我搁置至今。在香港中大研究所工作繁冗紧张的那段日子，与其说是无暇静心写这段故事，倒不如说内心始终怀有种种顾忌与惶恐，虽然饶公惠允发表，作为晚辈的我，实在不敢冒然刊发两位大家的私信。不想饶公去世已有两年馀，这段尘封多年的学人往事，我想如果再不动笔的话，恐怕世上无人知晓了。

二位先生通信的起因，是饶先生托香港学者陈耀南教授，送了一本他研究敦煌六朝写本张天师道陵著《老子想尔注》的校笺给钱先生，这是饶公首次从伦敦大英博物馆收藏的敦煌卷子中所发现整理的一部早期道家经典（1956年在香港东南书局出版），国内很少见到。饶先生给钱先生的信，落款时间是10月20日，没有注年份。而钱先生8月31日的信同样没有署年份，信中言："拙集俟再版问世，当呈政于有道。"从10月20日饶公复信言收到钱先生赠送的

1982年9月中华书局刊《管锥编增订》来推测，这两通信的时间，最有可能是1982年。

《管锥编增订》全书约九万字，中华书局1982年9月出版。1986年6月中华再版《管锥编》，将此《管锥编增订》收入第四册末。之后续有修订，1991年第三次印刷，将《增订》与《增订之二》合为《管锥编》第五册。1994年第四次印刷，第五册中又补入《增订之三》。

钱先生8月31日答饶公函如下（起行依原函体例，标点为整理者另加）：

选堂先生道座：久饫

闻望，未接

光仪，乃辱

先施，不遗后席，惊喜交并，因荣滋愧。

耀南兄虚怀多可，乐道人善，

公幸弗过听，使弟有支萝蒎交人参之惭也。承

赐《老子想尔注校笺》，校注谨密，既守朴学家法，笺释精微，复造义学堂奥，征实而能叩虚，见大而不遗细，佩甚，佩甚！荷兰学士Schipper君，华名施舟人者，曾于过从，于道家坠绪，墨守笃好，几欲使白民之国奉青牛之教，想必尝抠衣大师之门也。拙集俟再版问世，当呈政于

有道。专此布谢，即叩

暑安　　弟钱锺书敬上　八月卅一日

钱先生"公幸弗过听"之"过听"为有典之谦辞，见《史记·三王世家》："陛下过听，使臣去病罪行闲。"函中最令人忍俊不禁的，是钱先生将自己比作"支萝菔"（即萝卜），以饶公比作"人参"。钱先生此处引用了汉王符《潜夫论·思贤》中的典实："夫治世不得真贤，譬犹治疾不得真药也。治疾当得真人参，反得支罗菔。"汪继培笺："支萝菔，即萝菔根也。"

函中提到的荷兰研究道家的学者施舟人（Kristofer Schipper），是当代欧洲三大汉学家之一，先后获得法国高等研究院特级教授、荷兰国立莱顿大学中国历史学讲座教授、荷兰皇家科学院院士等荣誉。施舟人对中国道家和道教的崇尚程度，被钱先生形容为"几欲使白民之国奉青牛之教"。"想必尝抠衣大师之门也"，则称施舟人尝趋谒饶公之事。"抠衣"，《礼记·曲礼》上："毋践屦，毋踏席，抠衣趋隅，必慎唯诺。"清王士禛《香祖笔记》卷五："其抠衣入室之徒，皆足以掌赞善而秉方册。"指的是古人提起衣服前襟，迎趋拜见时的动作，表示恭敬。记得饶公特意给我解释"抠衣"时，他一边拽着自己的领带、雪白衬衣，一边用他瘦小的身子猫着腰走步示意，这个滑稽动作使我忍不住大笑起来。饶公然后说，如果要是上课迟到，你只能找一个最暗的角落席地而坐，让我一时真有时光倒流、恍

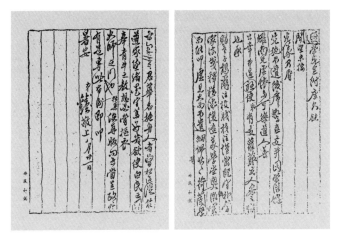

钱锺书1982年8月31日致饶宗颐信

然隔世的感觉，对古人尊师情景充满了敬意和想象。

1982年9月，《管锥编增订》由中华书局出版，钱先生托香港民建联主席、人大代表马力先生，乘回港之便，带这本出版不久的新书给饶公。饶公奉到钱先生赠书，次日10月20日即复信钱先生："不忍去手，自当视同拱璧……窃谓国中硕学，可当此摩诃之尊号者，吾公之外恐无第二人，放之四海，众口同声则无疑也。"饶公复函全文如下：

默存大师座右：

昨间马力兄转来大著《管锥编增订》，拜领，谢谢！内多亲笔手批，令人宝爱，不忍去手，自当视同拱璧。惟呼弟为"大师"，愧何敢当！记于一九六三

163

年在印度Poona，尝谒梵学巨匠P.V. Kane氏，时已逾
九十，在彼土有Mahāmahopādhyāya尊号，其著作均印上
此衔名。窃谓国中硕学，可当此摩诃之尊号者，吾公
之外恐无第二人，放之四海，众口同声则无疑也。

　　校书如扫落叶，《增订》本中如页12"丁用仪《听
秋声馆词话》"，"用仪"当作"绍仪"；页55"王士禛"
宜作"士禛"；记原书页553"伏敔堂"误作"服"；
页10以嗳噈生说证袁羊语，王湘绮《秋醒词序》云：
"镜非辞照，真性在不照之间。川无舍流，静因自不流
之体。然则屡照足以疲镜，长流足以损川。"即取《世
说》下一转语遂成警句，似可补书。

　　日前偶翻大著《太平广记》之部，603页"孟知俭"

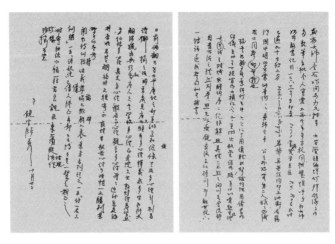

饶宗颐1982年10月20日复钱锺书信

条言及《多心经》，引刘昌诗揶揄之语，颐昔岁见唐大颠有《多心经释义》，疑"多"字为衍文，嗣涉猎内典，乃知唐人文书习称"多心经"。正仓院文书、敦煌经卷皆然，有"佛说多心经"、"具足多心经"、"般若多心经"、"观音多心经"等等。近时东友福井康顺君哲嗣福井文雅，寄示敦煌本《般若心经の诸相》一文，胪列甚繁，可以参考。

关于"诗训持"诸义，尊论已鞭辟入里。曩有未刊短文，一为《诗一名三训辩》，一为《诗妖说》，已倩人誊正再邮呈，博千里一粲，乞裁正之。

附寄拙绘小幅，借当良觌。秋气萧爽，诸维珍摄不宣

　　　　　　　　　　弟饶宗颐再拜　　十月廿日

钱先生称饶公为"大师"，饶公在信中答复"愧何敢当"。何为大师？饶公举印度九十岁的梵学巨匠 P.V. Kane，被冠上 Mahāmahopādhyāya。此处我有幸得到季羡林先生女弟子、德籍华人胡海燕教授的帮助，将此尊号翻译成中文"至尊的大和尚"，可参见 Robert E. Buswell Jr. and Donald S. Lopez Jr. 等所编纂的 The Princeton Dictionary of Buddhism。梵文 upādhyāya 为"和尚"，Mahā 为"摩诃"，汉语译为大智慧，含有大、多、胜诸义。饶公借 P.V. Kane 以赞钱先生的学问充满智慧、博大精深，当之无愧。

《管锥编增订》凡一百二十一页，饶公收到赠书，第二天即神速给钱先生复信，对《增订》内个别误字以及内容提出补正，看似顺手拈来，其实是凭着精深渊博的文史功底。我深信饶公"不忍去手"对钱先生诚非溢美之词。

每次触摸这两封信，每一个字都像是自有生命，活生生地在眼前跳动闪烁。我不禁回想起在香港中大研究所那个充满阳光的日子，和饶公一起在办公室，他一边展示两函，帮我阐释钱先生的用典，一边开怀大笑的神情来，他毫无顾忌，就像一个天真无邪的孩子，连连摇着头笑着说："建华，没有人会使用这样的典故，也就是钱先生的幽默，开这种玩笑。"是的，从信里我第一次领受到久负盛名的钱先生的另一面性情，随性逸笔中透着一股沉静的高贵，温雅含蓄而又不失中国传统文人的风趣。

饶公与钱先生两位大师的渊博学问，实在不属区区晚辈所能妄加评述，虽将这段故事发表，但多年累积的惶恐之情，至今依然不能彻底释怀。时代迁演，恐怕我们再也无从寻找那份独特的文化意蕴了。

2020年6月13日写于五道口嘉园

"千秋冷落龙州月"

——郑孝胥与孟森（上）

谭苦盦

　　1937年5月，"海藏楼乙丑至丙子〔1925-1936〕诗刻成"，郑孝胥即函请孟森作序。但在孟森看来，"记不佞学为诗，始于龙州军府，奉海藏先生之教。海藏为诗之功力，岂浅学所能道。顾向亦未尝索题，今此索题，无亦以不相见久，旧游离索，有感于心，乃有此诿诿欤？敬题二绝句复之"，一曰"诗人拥节事专征，仰视飞鸢瘴海行。三十年前旧宾客，微吟亲见塞尘清"，一曰"羁绁勤劳得鬓霜，萧然无改旧行藏。人间若讶今殊昔，惟有诗篇老更苍"。此时的郑孝胥虽已卸去"满洲国国务总理大臣"之职，但因与日本人先后签署多个非法协定（内以《满日议定书》最著），鬻卖利权，博取荣贵，被胡嗣瑗骂作"乱臣贼子，人人得而诛之"（周君适《伪满宫廷杂忆》，第181页，四川人民出版社1981年版），坊间更有"已经不在人类里头算

167

账"（天津《大公报》1937年6月16日，第15版）之讽，故而"海藏尚为其诗集自沈阳来书乞为序，此是最难着笔之文字"。孟森自居"浅学"，复之以诗，前一首叙往年情谊，后一首述新诗造诣，"颇微妙得体"（陈声聪《兼于阁诗话》，第109页，上海古籍出版社1985年版）。而郑孝胥其意未餍，"仍以序言为督"，孟森感到"念旧之意，何其厚也"，并说"诗中于龙州相处之人，亦常往来于海藏之心目，此又以集索题于不佞之本指也"（孟森《海藏楼近刻诗序》，见《海藏楼诗集》〔增订本〕，第7—8页，上海古籍出版社2014年版），于是慨然为序，则"念旧之意，何其厚也"的，又岂止郑孝胥一人。

一、"天下皆知余将去龙州矣"

郑孝胥字苏戡，又字太夷，号海藏，福建闽侯人。"二十三岁，中光绪八年（1882）壬午科本省乡试第一名，为主司宝竹坡侍郎所器赏，同榜陈石遗、林琴南、高啸桐，皆一时知名士。先生家贫，以就馆为活，历游沈文肃公（葆桢）、李文忠公（鸿章）幕府，为所倚重"。十五年，"考取内阁中书，以经济文才，有声于时"。十七年，"东渡日本，为使馆秘书。次年，升东京领事，旋调神户、大阪总领事"。二十年，"中东构衅，随钦使下旗归国，仍居南京。时南皮张文襄公（之洞）方署两江总督，询以兵事，先生详述胜败之由，词气慷慨，为文襄公所激赏，召之入幕"。二十四年（1898），"戊戌变法，以人才保荐"，被光绪帝"特召见于乾清宫，奏陈练兵之策，请从皇上练兵心始，凡数百言，蒙旨嘉许，遂以同知擢用道员，充总理各国事务衙门章京"。变法失败之后，出任"京汉铁路南段总办，兼办汉口铁路学堂、武胜关以北各段"，张之洞将其视为"吾幕中有一范增"（叶参《郑孝胥传》，第1-4页，满洲图书株式会社1938年版），礼遇甚隆。

二十九年，"广西旱灾严重，瘟疫流行，清政府浮收苛派，激起全境爆发大规模的会党起义。巡抚王之春欲借法兵法款平乱，又引发了各地的'拒法运动'。清政府惊慌失措，急令岑春煊出任两广总督"（《清代人物传稿》下编，第6卷，第245页，辽宁人民出版社1990年版）。岑春煊字云阶，广西西林人，乃岑毓英之子。"公继襄勤，两世封疆。昔清末造，朝政不纲。巡抚陕、晋，绩著勤王。总督川、粤，除暴安良"（李根源《勋一位西林岑公诔》，见《辛亥人物碑传集》，第318页，团结出版社1991年版）。为平息匪乱并整饬边防，岑春煊乃"奏调湖北武建军，遣道员郑孝胥率赴边。未至而朝命赏孝胥四品京堂，专摺奏事，督办边防，边民向治之机始此"（孟森《广西边事旁记》，第4页，商务印书馆1906年版）。京堂别名京卿，故称"郑京卿"。因驻兵在龙州最久，又称"郑龙州"。

起初，上下相得，兵民相济，广西匪患稍靖。而郑孝胥"始督边防，尚无筹饷责"，但事实上"已受饷乏之厄。明年（1904）夏，定四省合筹之议，而催饷一委边防，其受厄亦相等"（《广西边事旁记》，第27页）。不惟"饷项掣肘"，而且督抚不是"减发"便是"延缓"，甚至"迭次措饷"，故郑孝胥督办边务有心无力，先于光绪三十年（1904）三月八日电岑春煊，"二月边饷无着，变不可测。胥愿率武建军入卫，请以边防归桂抚兼管。我公如以为然，即乞挈名电奏，恳示遵行"。又于三月十四日电外务部，"仰恳天恩，准其销去督办边防差使，以免贻误"，并且自忖"如不蚤发，有出而调停者，则愈吃亏矣"。此前，广西右江道易顺鼎"坐恠云帅，已得代"，郑孝胥说"易道既怀去志，胥亦羡其得去"（《郑孝胥日记》，第932页，中华书局1993年版），求去之意已久。

三月十五日，岑春煊复电说，"武建军病故甚多，实因在鄂时太过娇养所致。柯抚迭次措饷，想必以为武建军无用。为公计，亦必须将边地附近州县早日肃清，以慰朝廷而副时望，斯时公即不言离，恐朝廷亦不能不令公离此地矣"。而郑孝胥则说，"胥声名不足惜，然到边以来，自谓尽心，不负知己，恐公尚未必深信之耳。如公之忠勤，天下亦不能尽知，胥实鄙陋，岂能求谅于庸妄之辈哉。昨电奏想已由局呈览，得咎以去，亦所甘心。事久，则公论见矣"（《郑孝胥日记》，第934页）。此后，郑孝胥又数次托病电请"销去督办边防差使"，并在抚民剿匪方面与岑春煊歧见与日俱增。盖岑春煊娴于军旅，素以勇悍著称，无论抚民，还是剿匪，均诉之于武力，"因匪乱蔓延，致有憎疾百姓之意"，甚而"劝人枉杀、滥杀，直崇拜陈景华而已"。而郑孝胥不改文士本色，"以信义为主，不好辣手，常自嘲为徐偃王、宋襄公"。不过，匪乱仍然，兵变可患，"苏堪虽求去，目前必不能准"（《郑孝胥日记》，第963、948页），故郑孝胥只得"抵几为一叹"（《海藏楼诗集》，第136页）。

二、"奋然浮海来游，亦奇士也"

光绪三十年九月二十二日，郑孝胥在龙州"得桎弟八月廿六、九月初二、初七三信，云幼点当来龙，孟莼孙亦愿来"（《郑孝胥日记》，第962页）。孟莼孙即孟森，莼荪其字，或作莼孙、莼生，江苏常州人。"自幼负大才，拓弛不羁，有清狂之名，累应有司，不得志"（张惟骧《清代毗陵名人小传稿》，第288页，台湾新文丰出版公司1981年版）。"丙申、丁酉（1896-1897）之际，学校始兴"，于是与胞弟孟昭常"负笈南洋公学"（孟森《仲弟昭常家传》，见《毗陵孟氏宗谱》，愿学堂1928年木刻本）。但据《南洋公学师范班学生名单》所载，光绪二十四年二月，孟森方才进学（《交通大学校史资料选编》第1卷，第79页，西安交通大学出版社1986年版）。次年（1899）"春，分设译书院于虹口，聘日本大尉稻村新六、日本汉文家细目谦藏为译员，郑孝柽及师范院生孟森、杨志洵为校订，译辑有关军事诸书"。郑孝柽即郑孝胥之胞弟，字稚辛，光绪十七年（1891）辛卯科举人。据说，孟森早年"累不得志于有司"，但其"所制举文逼近天崇，尝言海外擅此艺能名家者如康有为、郑孝胥、张謇、刘可毅辈不满十人，而我则未遑多让"（《清代毗陵名人小传稿》，第288页），而今得与"名家"子弟相识。在此期间，孟森译述《日本陆军学校章程汇编》，即由"日本稻村新六校订，闽县郑孝柽覆校"（南洋公学译书院1902年铅印本）。

光绪二十五年六月，孟森退学，适译书院"扩充范围，迁院于提篮桥，聘张元济为主任，及久任日使馆译员卢永铭主译务，孟森、杨志洵已谙东文，因亦任为译员，而改延黄元吉为校订，选译各书，亦不限军事一端，凡东西洋政治经济、社会科学、教育、商业、史地等，均相将从事"（杨耀文《本校四十年来之重要变迁》，见《交通大学四十周纪念刊》，第33页，1936年铅印本）。光绪二十七年（1901），孟森"进南菁书院肄业。及壬寅（1902），南菁改为高等学堂，森仍以顽固自负，阴结年长学生多人，反对上课。丁叔衡山长为之不悦，意欲去之，森闻之，先辞职而出"（《清代毗陵名人小传稿》，第288—289页）。但孟森为学子身份，未兼教职，此处"辞职"云云，颇与前之"肄业"不合，故当从蒋维乔之说，孟森是被"无形中取消学籍，中途出堂"（蒋维乔《竹翁自定年谱》，见《南菁书院志》，第130页，上海书店出版社2015年版）。

出堂之后，孟森行止不详，吴相湘说"一八九四年，郑孝胥自日本游历回国后的言行尤使孟先生感动。自一九〇一年全国青年掀起游学日本的热浪，孟先生也是其中一人，入学东京法政大学习法律，一九〇四年回国"（吴相湘《我的业师孟心史先生》，见《传记文学》第1卷第1期，第14页）。孟森留学日本系受了郑孝胥影响，此言不虚，因有孟森自述"闻京卿论法律，欣然决游学日本之意"（《粤行随笔》，见《孟心史日记》，第25页，凤凰出版社2016年版）为证，但时间并非吴相湘所言"一九〇一年"。盖东京法政大学改建于明治三十六年（1903），次年，方始针对清国留学生设置法政速成科，并于5月7日举行第一班开讲式（《法政速成科讲义录》第11册，第33页，广西师范大学出版社2015年版），孟森不得在此之前"入学东京法政大学学习法律"。据孟蔚彦《孟家的故事》，光绪二十八年（1902），其曾伯祖孟森出堂之后并不曾留学至日本，而是因家事归故乡常州（孟蔚彦《孟家的故事》，第23−26页，华东师范大学出版社2010年版）。光绪三十年十月二十五日，郑孝胥收到了"孟莼孙嘉兴书，愿以明春来龙，即报其书"（《郑孝胥日记》，第966页），则其行迹还曾到过嘉兴一带。而且后来孟森在龙州所使用稿纸书口下端印有"嘉兴府中学堂"字样，或在此学堂担任过教席。

《粤行随笔》书影

　　光绪三十一年（1905）正月初二日，郑孝胥戏语其妻吴学芳，"吾今年四十六，得弃官归田，便可作一生收束，列传、行状皆可预作。从此以后，若中国迄无振兴之日，则终老山林，不失为洁身去乱之士；倘竟有豪杰再起，必将求我。虽埋头十年，至五十六岁出任天下大事，依然如初日方升，照耀一世。是吾以一世之人作两世之事，岂不绰然有馀裕哉"，并于次日"电致岑、李贺年，并催速筹替人，俾得早卸"。初六日，"得岑帅歌电，云'勉持两三月，必得当以报'"（《郑孝胥日记》，第975页）。而孟森于正月初十日起程，在上海居停十馀日。正月廿八日，"钟督带忽来约本日动身,即假装"(《粤行随笔》,第4页)。此钟督带即钟麟同,字建堂,山东济宁人。"入卫海武备学堂毕业。初为排长,荐擢至统领。性刚正,嫉恶严。尝从郑孝胥龙州军中"(民国《新纂云南通志》第8册,第181页,云南人民出版社2007年版),时任督带之职。二月初三日,"刘浩春持钟建堂电云'与孟于初三日由港赴海防,请饬牛车至同登迎接'",而郑孝胥"即发电告吴再之,转电胡源初妥为照料",并感慨道,"天下皆知余将去龙州矣,孟莼孙奋然浮海来游,亦奇士也"。初四日,郑孝胥尝"为人书联数合,偶书遗孟莼孙曰:空馀鲁叟乘桴意,思与高人对榻论"(《郑孝胥日记》,第981页)。

三、"将之良者,恒兼宰相器"

二月初八日,孟森抵达龙州,其日记说"午后四钟,抵行台"(《粤行随笔》,第7页),着墨不多,对于当日是否见到久仰之郑孝胥,或相见时作何感想,均付阙如。无独有偶,郑孝胥在日记内说"钟建堂,夏、胡二哨官,孟莼孙,皆到",仅此一句而已,别无阐发。次日,郑孝胥夜宴孟森诸人于梅厅,"试留声机器"(《郑孝胥日记》,第982页)。

孟森到龙州后,"连日读京卿《海藏楼诗》",并与郑孝胥留连于论诗。郑孝胥说"诗必以涩为底,'素以为绚',

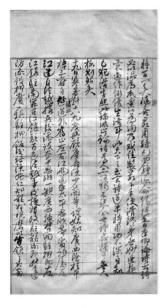

《粤行随笔》正文

乃成佳制。若下手便滑，终身无妙造，极工不过作俳优生活耳"，孟森将之视为"天下之至言，诗道平时用功不深，自知已犯'滑'字，然此论非止论诗，为人亦何独不然，人无诗名犹可，无人格则殆矣"。又如"京卿纵笔大书云：'才因老尽更谁知，只借花枝寄所思。好梦梦回馀情影，春愁愁绝减丰肌。冬郎昨夜关心雨，子美平生欠汝诗。却向龙州栽几树，他年题句待元之。'下注：'罗昭谏手植海棠在钱塘，王黄州有诗咏之。乙巳（1905）春月，栽海棠六株于听事，题曰"颠斋"。'三十馀小字，笔墨飞动，意思绰约，如有所寓，此时此地得此语，风流人豪不虚也"。于是孟森"戏语京卿:'缓带轻裘止状其表,未知中何所似。如公风调,当以王昭远期之。'京卿曰:'何至是,据胡床指麾,古人尚有谢艾。'相与大笑。'蛮府参军'不敢作'蛮语',如此风情,天下不多见也"(《粤行随笔》,第8、13、20页),推许可谓备至。

不过,作为幕府记室,孟森主要还是从郑孝胥那里取资"增益其所不能",如识见与治术之类。"每日与京卿纵谈,恍然于故纸堆以外别领略一种名臣风采。京卿生平以沈文肃为指归,余生晚,不及见文肃,然如或遇之矣",故将郑孝胥的名言与善政记录下来,吉光片羽皆是金玉珠贝。如论交涉,"办交涉以顾大局为辞,因而巽懦从事,皆不合理,大局自有应顾之人,我执我法,法外非所当问。譬之行军,进退机宜自有主帅,一兵一弁亦彷徨回顾,无致死之念,则军律债矣。今之交涉家借口大局,何以异是"。如治边防,"自京卿督师以来边界重见天日,盖剿捕治标之计,虽勤勤从事,而实无时不存怵惕之隐,注意教养以培元气,边民蒸蒸不自安于顽陋,其源略清"。当然,两人也有看法互异之时,如听闻郑孝胥"论学派之不同、新旧之殊异,所言又别一境界。大约以朝气为新,暮气为旧,充其量,凡不厌于人人之心而就我牢不可破之见者皆旧也,破除意必固我而以众人之心为心者皆新也",孟森认为"惟学问中之新旧其果应扫除更张与否,鄙意尚游移不敢定,暇当细论之"(《粤行随笔》,第10页)。

　　而对比郑孝胥日记，取舍不一，详略异致，即郑孝胥所记不如孟森日记"正经"，更多的是两人之间一些"戏语"。如郑孝胥"与莼孙坐廊下，闻蛙声甚闹，有一种蛙声最巨，类鼍更。余曰，'众人之诺诺，不如一士之谔谔也'。又戏语莼孙曰，'《论语》："子曰，甚矣吾衰也，吾不复梦见周公。"旧注皆不可解。今乃悟矣：俗谓"敦伦"曰周公之礼，此孔氏自言其绝欲而已'。莼孙为之捧腹"。又郑孝胥"语孟莼孙曰：'中国新少年喜自由，而女权尚未发达；如废娶妻之法，少年任纳数妾，去留自便，仍可居未娶之名，此说一出，恐必为世界所欢迎矣。'相与抚掌久之"（《郑孝胥日记》，第993、995页）。

　　"纵谈"之外，孟森"暇取积牍消永日，见公私笺奏、函牍、批答高数尺者数十束，悉太夷笔，无一字假他人手，私叹其精力之绝。阅既夥，参以所闻见，得首尾可举者如干条，私为之记"，是为《广西边事旁记》。其内分为十四小节，依次是边乱始末记、武建军防边记、荣军记、新龙银行通力局记、边军援剿柳庆记、法兰西对汛记、边饷记、交涉记、武建新军记、边防医院记、边防将弁学堂记、龙州制造局记、龙州学社记、利民桥记，对于广西边防相关历史源流、政策利弊、处置得失有所评述，"他日北归，有就询边事者，出以示之"，但其主要目的还是"于孝胥之成绩极力推崇"（《清代毗陵名人小传稿》，第289页）。如交涉记一节，记载郑孝胥对光绪三十年（1904）"散商时利、广生祥、祥聚三号，忽借洋商三联单抗缴经费"之茴油案处置经过，并转述其办交涉案经验，"孝胥平生持论'办交涉，视理直，即应争先着，放手自办，待其百计营救而后脱，已受苦累，足杀其焰，欲声我罪则理曲，穷其伎俩，不过嗾政府易人而已。若理直而气不壮，先遍恳外人求公论，外人于彼国无诘责之权，于我国无保护之责，事机落后以我求彼，所得者仅矣'，语扼要可喜"（《广西边事旁记》，第34、36页）。孟森还在龙州学社记内对郑孝胥下过考语，如"太夷先生督师防边既二年，锋镝销省，晏然太平"，又"太夷受事近二年，驻龙者年馀耳，浮图三宿，挚爱不可解，遂为南荒造万世之利，太夷真有情人哉"（《广西边事旁记》，第50、51—52页）。

　　职是之故，光绪三十一年五月，严复收到"郑君稚辛以其兄太夷之意，致阳湖孟生所记广西边事"之后，"喟然叹曰：贤者真不可测"，虽然"以经费之微而民智之稚也，故其成功，仅仅如此，然于一边，已拔水火而衽席之矣"，并说"孟生不云乎，'将之良者，恒兼宰相器'。呜呼，二语尽之矣"。其实，孟森此语见于边防将弁学堂记，其原文作"将之良者，恒兼宰相器，从容讽议，终身不与戎事，而可以名世者，罕矣，此不可易之势。而器械动作益变益精，则与时代为进退"，只是泛论"武人不可无学问，不可狃于办盗贼之法待敌国"（《广西边事旁记》，第43页）。不过，一经严复引述，便成了专意针对郑孝胥文治及武功的确评，戎笙《孟森小传》及王锺翰《〈明清史论著集刊正续编〉前言》均直接说孟森评议郑孝胥为"将之良者，恒兼宰相器"（见《孟心史学记》，第136、42页，三联书店2008年版）。除了严复之外，郑孝胥也尝为《广西边事旁记》写过一篇"书后"，其内则流露出明显的失落与无奈，"孟君来龙州浃月，遂取二年以来边事尽记之，其辞括以核，使天下知边事之困，读是足矣。若孝胥者，其来也固不得不来，其去也亦不得不去，非孝胥之所能为也"。

《广西边事旁记》出版事宜系"商务印书馆承办，并愿得其版权"（《郑孝胥日记》，第1001页）。光绪三十一年（1905）七月二十日，《广西边事旁记》出版，封面及扉页为严复题签，卷首附有镇南关及武建军之照片二十六张，其中十五张为郑孝胥所提供（《郑孝胥日记》，第994页），"郑苏戡、孟莼荪、吴怡泉"三人合影在焉。八月十八日，郑孝胥收到了"上海寄来《边事旁记》四十本"（《郑孝胥日记》，第1010页）。此书行世以来，"世以为有当于治边弭乱之纲领，与昔人侈张战伐以草薙禽狝为功者不同"（孟森《海藏楼近刻诗序》，见《海藏楼诗集》〔增订本〕，第7页）。

而在《广西边事旁记》撰就之初，郑孝胥尝为之题诗："龙江波似箭，一夕下邕州。稍转苍梧棹，遂乘南海流。行歌具区薮，归隐海藏楼。欲问《来南录》，名山属孟侯。"将之比作《来南录》。而其《答孟莼孙见赠二诗》还说："希仪事在《广右录》，籐峡乱详《炎徼》篇。今代毗陵有孟子，

郑孝胥（左）、孟森（中）、
吴学悯三人合影

欲追田氏轶荆川。能忘新旧学不俗，一泯穷通骨已仙。老
我无文身可隐，看君《旁记》日流传。"诗下有注："唐顺
之有《广右战功录》一卷，记沈希仪平蛮事。田汝成有《炎
徼纪闻》十四篇，记王守仁大籐峡、田州诸役。二书皆为
世所推重。"（《海藏楼诗集》，第148-149页）言下之意，
《广西边事旁记》可追轨田汝成而超轶唐顺之"二书"。后
来，郑孝胥将"《海藏楼诗》一册、《广西边事旁记》一册"
寄送给赵凤昌，又说后者"可当小说看之"（《赵凤昌藏札》
第6册，第51页，国家图书馆出版社2009年版）。但孟森
说，"偶检李习之《来南录》读之，不解选家入选何意，月

日道里如填排单，京卿以比拙作《旁记》，殊可愧"（《粤行随笔》，第60页）。

四、"爱卿未觅，酂侯先以自污"

光绪三十年（1904）十月十七日，郑孝胥"奏辞督办边防"，有诗记之，内称"上书亟自劾，不恤天下谤"（《海藏楼诗集》，第141页）。三十一年三月十三日，郑孝胥向孟森出示戏拟"奏为边帅纵情诗酒，不谙军事，请予罢退以重防务事"的奏疏稿。此稿首称"郑孝胥本以浮华之才谬窃时望，从前与张謇、文廷式、朱铭盘计偕入都，号'四大公车'，逞其雌黄，京师侧目，后为前户部尚书翁同龢、两湖督臣张之洞揄扬标榜，助成其名。其所长者不过章句之馀、词藻之末，并未尝任以庶务验其成效，乃署两广督臣岑春煊素未识面，采取虚名，遽为保荐，当朝廷破格用人之际，遂畀以边帅之任"，次述"到边以来并不剿匪，沉迷诗酒，任意游览，内无以振作营伍，外无以镇抚强邻，边事重大，若久付此人，必为外人所轻视"，又谓"郑孝胥前在上海日事冶游，为女伶金月梅者屡咏篇什，传播远迩，似此品行不端，岂可加以重任。且岑春煊前劾罢右江道易顺鼎有'名士实同画饼'之语，今郑孝胥与易顺鼎相去无几"，因而"应请立予罢斥，别简贤员督办桂边防务，庶将来边事可免意外之虑"。孟森在日记内"录此存一重公案"，并评论道："爱卿未觅，酂侯先以自污，亦一变调，然此事殊未了，铜柱功名，章台波折，将来归宿，'得臣与寓目焉'。"（《粤行随笔》，第20页）

所谓"酂侯先以自污"，乃萧何事。《史记·萧相国世家》："高祖以萧何功最盛，封为酂侯，所食邑多。……客有说相国曰：'君灭族不久矣。夫君位为相国，功第一，可复加哉。然君初入关中，得百姓心，十馀年矣，皆附君，常复孳孳得民和。上所为数问君者，畏君倾动关中。今君胡不多买田地，贱赁贷以自污，上心乃安。'于是相国从其计，上乃大悦。"此处借指郑孝胥自劾事。

至于"爱卿未觅"，亦是用典。《宋史·王景传》："初，景之奔晋也，妻坐戮，二子逃获免。晋祖待之厚，赏赐万计，尝问景所欲，对曰：'臣自归国，受恩隆厚，诚无所欲。'固问之，景稽颡再拜曰：'臣昔为卒，尝负胡床从队长出入，屡过官妓侯小师家，意甚慕之。今妻被诛，诚得小师为妻足矣。'晋祖大笑，即以小师赐景。景甚宠嬖之，后累封楚国夫人。"后人咏其事云："归来不愿封侯印，只向君王觅爱卿。"（袁枚《随园诗话》，见《袁枚全集新编》第8册，第276页，浙江古籍出版社2015年版）"章台波折"，尤袤《全唐诗话》记载韩翃"有宠姬柳氏，翃成名，从辟淄青，置之都下数岁"，其后寄诗"章台柳，章台柳，颜色青青今在否，纵使长条似旧垂，也应攀折他人手"。孟森则借"爱卿"以及"章台"指金月梅。

金月梅在"岁辛丑，竟与苏堪成了眷属，作苏堪之外室焉"，郑孝胥称之为"凤雏"，其后"为督办广西边防大臣，不能携之去，又不能与大妇同居，乃于烟台购屋数椽，移月梅母女于烟台居之。及广西乱平，苏堪于龙州筑屋，将为藏娇之所，四围遍种梅花，命之曰梅亭，大有唐明皇宠梅妃之意"。而金月梅与郑孝胥虽有嫁娶之约，"苏堪思念綦切，此年馀以来，贻月梅书及诗笺，殆不可以数计"，但因分隔两地，契阔日久，"乃屡遣人往迎，其母均以道远，须涉重洋为辞，不欲赴。苏堪复遣其弟来迎，亦托故不去"（李准《记女伶金月梅母女事》，见《近代史资料》总75号，第166-167页，中国社会科学出版社1989年版），似因"疑猜"生变，故孟森称之为"爱卿未觅"、"章台波折"。并且为了满足猎奇心理，"孟莼孙索观凤雏相片"，而郑孝胥"久不启视，勉出示之"。世传"海藏楼诗，时有涉及梅花者，大半感金月梅而发"（钱仲联《梦苕盦诗话》，见《民国诗话丛编》第6册，第190页，上海书店出版社2002年版），虽不尽然，"孟读诸诗，以余为痴绝"（《郑孝胥日记》，第988页）。

过了几日，三月二十四日，郑孝胥向孟森"戏言欲作小说二种：其一取宋元明人语录，汇编其可笑者，名曰'道学捣鬼记'；其一载近年各省诸色人等日趋新风气之状态，名曰'苟日新'，真可供捧腹也"。其实，郑孝胥在三年以前"览欧阳行周函髻事有触，思为小说以托意"（《郑孝胥日记》，第989、836页），乃以唐代《闽川名士传》所载欧阳詹故事为原型，掺入与金月梅情事，创作小说《函髻记》，署名"盟鸥榭"。胡怀琛说《函髻记》"取唐人的故事，用唐人'传奇'的写法写出来，完全是一篇独立的'传奇'，原用'仿宋活字'排印"，可是"原本所印不多，颇不易见"（《中国小说概论》，见《中国文学八论》，第24页，世界书局1936年版）。郑孝胥尝"手录《函髻记》一通以遗双清"（《郑孝胥日记》，第851页），"双清"即金月梅。但于孟森而言，似未见及。

大伯瞿同祖的一生（下）

瞿泽方

五、归国境遇

　　1949年新中国成立，当时瞿同祖一家对国民党政府的腐败是很愤恨的，与很多海外学子一样，瞿同祖夫妇也想回国效力，不过瞿同祖当时有合约在身，也有债务未偿清，短期无法成行。赵曾玖不愿等待，一个人带着十岁出头的两个孩子，登上了回国的轮船。我至今记得小时候母亲对我说过的一句话："大伯妈是一个思想极要求进步的人。"

　　赵曾玖回国之后，先是在华北革命大学接受短期培训，然后分配在一个机关工作，不久几个机关合并到了中国科学院，赵曾玖进了经济研究所工作，他们是第一批住进了中关村的。1955年的肃反运动，赵曾玖因为离开丈夫，一人回国，结果有了敌特的嫌疑。虽然查无实据，但到1958年赵曾玖被下放到了贵州，先是到新成立的中国科学院贵州分院，不久这个大跃进的产物又被解散，赵曾玖被分配到贵州边远地区的一个小小的中专去教英文，那几年赵曾玖真是吃尽了苦。在此前一年的反右运动中，瞿同祖的恩师吴文藻、同窗费孝通等人都被打成了右派分子，他的专业社会学整个学科早已被取消。瞿同祖的好友俞平伯也受到全国性批判。种种的变故使瞿同祖茫然不知所措，回国的打算只得暂且搁置了。

50年代，胡适与瞿同祖来往密切。对瞿同祖的学术研究，胡适非常看好。当时，台湾东海大学刚刚建校，新任东海大学校长曾约农到美国来物色人才，专门找到胡适，请他推荐人才，胡适立刻推荐了瞿同祖。曾约农是曾国藩的曾孙，瞿家与曾家本是姻亲，曾约农的一个弟弟住在纽约，与瞿同祖有往来，曾约农就通过他弟弟约瞿同祖到他下榻的旅馆共进早餐，提出聘请瞿同祖去东海大学任教。瞿同祖一心想回中国大陆效力，又念念不忘与家人团聚，自然谢绝了曾约农的邀请。

在赵曾玖与瞿同祖分离的这些年间，除了家人，也有师友劝瞿同祖回国效力，中国科学院和北京大学也曾请瞿同祖去工作，赵曾玖几乎每一次写信都要敦促瞿同祖早些回国。瞿同祖也认为一个中国学者不应该毕其一生都在国外工作，然而由于对国内情况不明，瞿同祖难免会产生忧虑的心情。

瞿同祖1962年4月给赵曾玖的一封信流入社会，经过拍卖被人收藏。瞿同祖在信中写道：

> 国内连年灾荒，食物缺乏，我身体有病，恐难支
> 持。我不能生产，坐耗粮食，对国家反是一种累赘，
> 对你及儿女也是一种负担。如我回来不能适应，你们
> 见了也不会安心，彼此无益。

虽然瞿同祖对立即回国有疑虑，但他仍为回国做着准
备，他不再接新的研究课题，并于1962年辞去哈佛大学的
职务，转到加拿大温哥华去任教。他在给妻子的信中写道：

> 但中美关系恶劣，久留此地亦非所愿，所以我一
> 直不肯接受新的研究，避免拖延下去。现在去加拿大
> 教书的机会，经考虑之后觉得去加有若干好处。教书
> 与研究工作不同，随时可结束，行动较为自由。

当时中美关系敌对，学者从美国回国极为困难，加拿
大相对来说就较为中立。至于未来的打算，瞿同祖则谋划
了三条道路让妻子赵曾玖选择：

> （一）我们皆渐年老，你衰弱我有病，你何不来加
> 休养一时期，彼此互相照料。加境与美国不同，精神
> 上不致感到痛苦，住一时期将来一同返国。

（二）如你不愿出国或因我们相别过久，彼此情形皆不明了，不愿贸然来加，明夏我们可在港见面谈谈，了解彼此实情后再决定以后计划，该怎么办便怎么办。

（三）在加有回国的方便，如你不愿来加亦不能去港，我可回来看你和儿女。

在贵州边区教业馀英语的赵曾玖清楚，只有组织才能决定选择哪一条路，于是她立即写信给中央统战部：

（同祖）羁留迄今已十七年，亟思回国，顾虑甚多，一时不可成行。儿女和我百思不得上策，拟请你部指示方法，帮助解决，争取同祖早日返回祖国，为社会主义建设事业服务。

然而，瞿同祖的身份在当时还达不到被"统战"的级别。统战部办公厅遂告知赵曾玖此事应由国家科委专家局和国家侨委处理，赵曾玖又去信专家局再次寻求组织的帮助。经过了种种复杂的申请和审查的手续，赵曾玖终于获准到香港与瞿同祖会面，并接瞿同祖回国探视。

1963年7月，赵曾玖与瞿同祖在香港见了面，在新华社香港分社的帮助下，另外提供证件让瞿同祖转道澳门进关，所以瞿同祖持有的"中华民国"护照上未留下任何痕迹。瞿同祖秘密回国一周，被允许拜访了几位曾经的燕京大学的右派师友。他们告诉瞿同祖自己已习惯了右派分子的身份，也不是完全没有好处。瞿同祖忙问何故，他们说，一般人每星期要参加几次政治学习，右派分子没有资格参加，这样反而多了一些做学问的时间。在此期间，侨委一方面热情接待了他，另一方面则秘密将瞿同祖此次回国期间的言行一一记录在案，以摸清瞿同祖的思想立场。

瞿同祖显然不知道，就在其返加后不久，一份包括其各种社会关系、回国会亲友反应在内的"瞿同祖情况"报告便已提交到国家科委专家局的领导手中。现略摘录几句：

张东荪：瞿的老师（叛国犯，现扣押），1950年赵曾玖回国时，魏特佛歌曾函托张对赵给予照顾。

魏特佛歌：据称，原为德共中委，1933年叛党去美，十分反动，与托派搞在一起，蒋帮陶希圣是魏的朋友。

而更为关键的是，瞿同祖归国期间在私下会面时针对"反右"的不满言论也被组织所充分掌握：

罗隆基、许宝骙划为右派可以理解，对吴文藻、费孝通、潘光旦划为右派，百思不得其解，他认为他们都是搞学问的，不会篡夺政权的……

瞿同祖这次短暂回国，与家人一起作出了尽快回国效力的决定。1965年9月4日瞿同祖取道香港回国，与守候在出关口的家人相聚。

回国之前，瞿同祖当然要对自己的工作预作安排，他委托的人是翁独健先生。翁独健是瞿同祖在燕京大学本科以及研究院的同学，是美国哈佛大学的博士。他既是一位史学家，又是一位地下党，政府八级干部，担任过多处要职，当选过四届全国政协委员。翁独健帮忙联系的学部所辖的历史研究所及北京大学历史系都同意聘任瞿同祖。瞿同祖到达北京，得知可以在两个单位中做选择，很是高兴，于是在侨委的建议与陪同下，决定先到南方去走一走，看一看，没想到北京的政治氛围这时开始发生变化了。

瞿同祖与妻子赵曾玖到南方主要去了杭州和上海。到杭州是去祭扫祖父瞿鸿禨的墓，到上海则是来看看他们在少年时代都生活过的地方，分别见见两家的亲戚。大伯及大伯妈来我家做客的情景我至今有些记得。那是一个上午，中午在我家午餐，席间的谈话中我印象深刻的是大伯妈的一段话："天况幸亏出国了，以前和他一起研究社会学的大多成了右派分子，社会学这门学科也取消了。"大伯妈提及了几个人名，我只记住了费孝通，因为中学时代我在一本杂志上读过一篇介绍费孝通的文章，印象深刻。离开我家前，大伯拿出了送给我父亲的礼物，那是一本蓝色硬皮封面的《清代地方政府》。大伯对我父亲说："这是前两年新

1965年回国南游时
摄于上海照相馆

出版的。"

　　大伯在上海时曾到照相馆照相，照相馆对这件作品很满意，还把照片放在橱窗里陈列了一段时间。

　　等到瞿同祖夫妇回到北京，正式联系工作的时候，北京已经开始有了"文革"前夕的氛围，历史研究所和北京大学又正好是重灾区，他们都不敢再接受瞿同祖了，介绍人翁独健也无可奈何。瞿同祖在北京成了没有住所，没有工作，没有户口，没有油粮票证，甚至没有国籍的人。他只能住在宾馆，先是住在华侨饭店，每日开销甚大，后来改住到一个便宜些的招待所，但是带回来的那点美元也经不起坐吃山空。瞿同祖希望侨委能够帮助安排工作，得到的答复是，在北京无法安排，应该到老家湖南去请求安排工作。瞿同祖到了湖南长沙，可是湖南方面认为瞿同祖从未与湖南有过关系,他的工作还是应该由北京安排解决。瞿同祖不得已又来到北京,然而北京方面的答复依然不变,于是瞿同祖就像皮球一样,再一次地被踢到了湖南长沙。

瞿同祖一个人住在长沙的招待所里,没有事可做,甚至没有书可读,做学问的最佳年华就这样虚耗着,这样拖了几年,到1971年总算被安排在湖南省文史馆,每个月可以领到几十元的津贴。同一年赵曾玖办理了退休手续,离开贵州边远地区的小城,来到长沙与瞿同祖一起生活。

艾登早年是英国首相丘吉尔的助手,50年代出任英国首相,退出政坛后写了一本《艾登回忆录》,厚厚的三大册。中央某位领导想看这本书,翻译出版这本书的任务落给了商务印书馆。这本书没有出版计划,作为内部发行,译者没有稿费可拿,当然也没有人愿意接这个任务。瞿同祖有一位小辈亲戚,名叫曹兴治,在商务印书馆工作,看到这本书找不到译者,于是写信给瞿同祖,问他是否愿意翻译这本书,并且强调说明没有稿酬,仅仅是义务帮忙。瞿同祖后来曾对人说:"当时翻译出版这本书,是没有报酬的,但我很乐意,因为回国,就是想为国家出力,所以,好容易有这件事,我欣然接受。"

瞿同祖的英文水平当然不成问题,但是他从未做过翻译工作,所谓隔行如隔山,翻译时也碰到了不少困难,幸而赵曾玖的英文也好,又有燕京大学国文系的功底,她协助瞿同祖共同翻译这本书,终于把五十多万字的大工程完成了，并且是在非常艰苦的条件下完成的。抗战时期的一把大火烧毁了大半个长沙城，新中国成立二十年了，长沙城有些地方建设得很好，但有些地区的基础设施仍未恢复，瞿同祖夫妇所住的地区就没有电力供应，他们的条件甚至还不如抗战时期在昆明。这本书的译者是瞿同祖、赵曾玖共同署名的。商务印书馆一年前重新出版了《艾登回忆录》，这一次他们的儿子瞿泽祁拿到了稿酬。

"文化大革命"十年期间，瞿同祖基本上生活在长沙，条件很艰苦，并且曾生过一场大病。1969年瞿同祖因胃病大出血病危，被送到湖南湘雅医院抢救，虽然基本治愈了，但是在以后的岁月中胃病时不时地就要折磨瞿同祖。十年中唯一幸运的是，作为一个从美国回来的人，他没有被怀疑敌特而受过批斗。

六、老骥伏枥

赵曾玖1972年曾查出患胃癌，经手术治疗，到1976年又复发、扩散，终因无法医治而去世。妻子的去世给瞿同祖带来了莫大的打击，有一段时间心情悲痛，情绪低落。他们结婚四十多年，一起生活的时间没有超过十八年。昔日的师母冰心给瞿同祖写了一封安慰信，并找来瞿同祖的同窗费孝通、林耀华共同署名。信中开头写道："前天得到你的信，惊悉曾玖病逝，悲痛万分！不想长沙一别竟成永诀。回忆那天她在我旅馆里，侃侃而谈，人虽消瘦，精神却健康如常，谈吐仍是那般地潇洒。"信尾，还希望瞿同祖节哀，勉励他"遵照总理一直教导我们的话，在思想改造和为人民服务上，各尽所能，鞠躬尽瘁，死而后已"。

　　妻子去世后，瞿同祖成了孤苦的一人，实在不宜再在长沙住下去了，女儿瞿泽礽心疼父亲，把瞿同祖接到北京暂住。闲散在家终非长久之计，但70年代的北京，找工作并迁进户口，难似登天，亲友们纷纷为他想办法，其中张遵骝先生为他介绍了中国社会科学院近代史研究所副所长李新。张遵骝也是一位史学家，二十多岁就曾受到陈寅恪的称赞，他是范文澜编《中国通史》的助手，与瞿同祖既是朋友，也是亲戚。张家与瞿家是世交，张遵骝是张之洞的曾孙，他的母亲曾广岜是我祖母聂其璞的表姐，数十年交往密切。张遵骝陪同瞿同祖去拜访了李新。李新既是一位史学家，也是一位1938年入党的老干部，他们第一次见面就交谈甚欢，李新很同情瞿同祖的际遇。李新的夫人恰好也是燕京大学毕业的，见到了大学长有聊不完的话，极力要求丈夫要帮这个忙。李新的计划是先以借调的方式让瞿同祖进入近代史研究所，把工资关系等转进来，等到瞿同祖在近代史研究所站稳之后再徐图转正。湖南省文史馆并不想留住人，北京方面一联系就同意放人。反倒是近代史研究所这边遇到了一些阻力，没人知道瞿同祖先生的大名，也不清楚他的学术水平有多高，有些人质疑为什么要调入一个年近七旬的老人。李新在人事方面的话语权并不大，幸而与掌管人事的领导关系不错，经过一番运作，不久瞿同祖以借调人员身份到近代史研究所工作。他到所里接受的第一个项目是编译《史迪威资料》（中华书局于1978年出版）。1978年春天瞿同祖转为正式职工，被评为二级研究员，户口也终于进入北京。从1985年起瞿同祖享受终身不退休专家待遇，2006年当选为中国社会科学院荣誉学部委员。

瞿同祖1965年回国之初，根据自己过去写一本书花五年的经验，曾对家人说打算回国后再写两本书，没想到"文革"期间整整耽误了十年时间无法做研究。正式进入近代史研究所后，他想起原燕京大学师友的鼓励，决心"再写一本好书"，并立即开始紧张地工作。图书馆的资料有很多外借手续复杂，他经常早晨乘坐近一小时的公共汽车，到王府井和美术馆之间的中国科学院图书馆查资料，找数据，每次借两本书，找一个座位坐下后就开始全神贯注地翻阅，见到有用的部分就摘抄到带去的白纸上，直到中午工作人员要闭馆午休才离开。下午他已没有精力再跑一趟，于是就在家里看书。瞿同祖毕竟已年过古稀，这样高强度的工作使他渐感力不从心。1981年后，瞿同祖的胃病多次复发，数次住院，始终未能治愈，直到有一天在协和医院住院时碰到张孝骞老教授来查房。瞿同祖与张孝骞是旧识，张孝骞1926年9月被选送赴美国约翰霍浦金斯大学医学院进修一年，回国后在协和医院任职，那时他就给瞿同祖看过病，当时瞿同祖还是一个高中生。张孝骞调集了瞿同祖的所有病历，经过研究后一针见血地对瞿同祖说，你不能太焦虑，你的病是由于太想写书而忧虑写不成所引起的，精神上的紧张影响了胃的功能。瞿同祖听从了老先生的建议，放弃了写书，果然之后多年再没有因为胃病而住院。

瞿同祖一生治学，一是勤奋，二是认真。两年来他从图书馆摘录的资料已成两寸多高的一厚叠，这叠资料见证了他的勤奋。这些资料其实已足以支撑他再写一本书，但是他的原则是宁缺毋滥，在论点、论据没有十足准备好之前绝不动笔。瞿同祖虽然没能再完成一本专著，但是在整个80年代他还是写了一些论文，参加了不少国际学术交流活动。

放弃写书几年后，瞿同祖在《光明日报》上看到一篇报道，一位与他年龄相仿的学者躺在病床上，几年来发表了百万字的论述。这篇报道触动了瞿同祖的心弦，他把这份报纸无可奈何地摊放在书桌上。儿子瞿泽祁看到他这样做，知道他写书的心还没有死，于是开导他说："你跟人家是不能比的，人家写的是随笔，想到哪里，说到哪里，自有助手根据录音帮他整理成文字。你写书时，每一条史实，每一个数据，都要亲自考证，确保无误后才下笔，你怎么能学人家躺在病床上写书呢？"儿子的话他听进去了，过了几天瞿泽祁发现父亲把那份报纸与将作为废品卖掉的旧报纸放到了一起，瞿泽祁知道父亲虽仍不甘心，但也只好暂时不计较了。

七、晚年生活

瞿同祖的晚年生活低调而宁静，瞿同祖有两大爱好，一是听古典音乐，二是每天上午喝一杯咖啡，尤其喜爱哥伦比亚咖啡。1965年回国的时候，他怕国内听不到古典音乐，还自己带了许多精选的胶木唱片回来。80年代初出国，回来时每人可以买一个大件，一般人都是买彩电、录音机之类的，瞿同祖则是买回来一个原装的意大利咖啡壶，走出机场时特别显眼。

瞿同祖晚年极少与外界接触，除了一些亲友定期来看他之外，学术界渐渐极少有人知道他的存在。按照一些人

晚年瞿同祖在家中

的说法，瞿同祖晚年过着隐居的生活，不过瞿同祖本人并不完全这样看。他说："退休了，没什么事情，别人不找我，我也不烦别人。早睡早起，打打拳，散散步，每天上午看书写作一二小时，中午睡到下午三四点，外面的会议活动不大参加，所以就被人们当成隐居了。"

1998年，中国政法大学出版社计划将瞿同祖的全部法学论著收集成一本《瞿同祖法学论著集》出版，列出了一份顾问名单，瞿同祖名列其中。一些人见到瞿同祖的名字就笑了："你们应该请当代的人当顾问。不要把三四十年代的人列进名单闹笑话。"说这话的人还以为瞿同祖早已作古了。

丛书的编委想要拜访瞿同祖，不知如何能找到他，只得到瞿同祖原来的单位近代史研究所去打听，没想到逢人便问的结果都是"没听说过这个人"，最后还是从人事处一位曾掌管工资的长者那里打听到了瞿同祖的住址。当他们叩开瞿同祖家的门时，心中的感觉就像是拜望一位德高望重的隐士。

有一位"学者"在自己的著作中大段大段地抄袭瞿同祖的《中国法律与中国社会》一书，有两节甚至一字不漏地照搬。我们先不去评论此人的学术道德，他这样明目张胆地做，估计是不知道瞿同祖仍健在，也可能他以为没有人会注意他去抄袭一本五十多年前出版的书。没有想到《中国法律与中国社会》这本书重印了，一位细心的外地读者发现了这一严重的剽窃行为，揭发了此事，于是出版社收回了此书，不再销售，而那位作者继续在原单位供职，似乎没有受到什么影响。瞿同祖对此事很有感慨，认为国内对于学术的抄袭行为处分太轻，要在美国，此人马上开除，不但本单位开除，而且美国所有单位都不再录用他。

瞿同祖是我国第一批被批准的博士生导师，但是始终没有带过一个研究生，主要是他做事过于认真，事必躬亲，若要求学生看十本参考书，必定自己先认真地看一遍。他的时间与精力已不允许再这样做，于是宁愿不带研究生。没有一个自己培养的学生固然是件遗憾的事，但是当他看到有些学术道德不端的人大段抄袭自己的著作，他又对人发出感慨："幸亏没有带出这种烂学生。"

瞿同祖一生对学术道德极为重视。1988年后瞿泽祁曾在美国佛罗里达棕榈滩工作，常把一些报纸上有趣的内容剪下来寄回家。有一份剪报是一篇新闻报导，美国南卡州大学某学院的院长在给新生致欢迎词时，有一小段内容引用了别人的著述，而忘记了说明。这虽然纯属疏忽，也不算件大事，但这位院长为自己的疏忽羞愧不已，非但公开道歉，而且辞去了院长的职位。瞿同祖几年间从未给儿子单独写过信，总是在给孙女的回信背后随便写几句话。这次看了这篇报导，却专门写了一封信评论此事，认为这位院长做得对，这样总比等校方制裁体面得多！他第一次贴邮票亲自给儿子寄了这封信。

有一些中青年学者拜访他，有一些出版社的编辑联系他，他给每一个人的印象是一位和蔼可亲的老人，低调谦虚，没有学者的架子，乐于助人，对别人的请求，能够帮忙的地方总尽量帮忙。对社会上的人如此，对亲戚中的晚辈更是如此。

瞿同祖有一个表外甥女，原是一个中学语文教师，平时爱好古文，也对佛学感兴趣。她想到赵朴初身边去工作，于是请瞿同祖帮忙介绍。瞿同祖的夫人赵曾玖与赵朴初是本家亲戚。赵曾玖是赵家的小九妹，年纪小，辈分高，按辈分赵朴初要称呼赵曾玖姑奶奶。赵朴初年龄比瞿同祖还大三岁，但每次到瞿家来，见到瞿同祖必先鞠躬，行侄孙礼，非常讲礼数。瞿同祖写了一封推荐信给外甥女，让她持信去找赵朴初，结果赵朴初聘用她担任自己的秘书，从此她的事业就上了一个台阶。

我自己也有幸受过大伯瞿同祖的帮助。2000年我曾写过一篇文章《瞿鸿禨晚年在上海》，刊登在《上海滩》杂志上。在动笔前打电话给大伯，向他汇报自己的构思，初稿写成后，我也寄给大伯，请大伯把关、润色。大伯对我的请求尽心尽力地帮忙。我很幸运，当时大伯还有精力修改文章，一年半以后大伯大病一场，等到从医院出来，就没有精力较长时间地看书写字了，时常头晕、气急，肺部供氧不足。

瞿鸿禨墓在灵隐寺上方的石笋峰，当时瞿鸿禨亲自选中这个地点的时候，手中就牵着七岁的瞿同祖。谁也不会想到，整整八十年后，瞿同祖又要为瞿鸿禨墓的命运操心了。

瞿鸿禨墓到了90年代后半开始受到双重的威胁。第一重的威胁是盗墓。1996年的某一天夜里，盗墓者第一次光顾，用炸药在坟墩上炸了一个洞。张家人听到响声，在当家人张文霖的带领下，打着电筒，牵着狗，手拿棍棒上山查看，走到坟墓边的时候，盗墓人已经钻入树林不见了。炸开的洞不深，墓室没有受损。张家人立刻写信给我父亲报告此事，我父亲也立即把信转寄给北京的大伯。两位老兄弟在电话中商量的结果是由我父亲去一次杭州，查看一下坟墓受损的情况，慰问、感谢一下张家，留一点钱给张家作为修坟的费用。过了两年，盗墓者第二次光临，这一次炸药量增加了不少，非但炸透了坟墩，覆盖在墓室上的水泥板也炸了一个洞，幸而水泥板内有钢筋，炸开的洞不大，人无法钻进去。这一次盗墓者依然无所获，但看到坟墓受到良好的保护，更吸引他们再次犯险。2000年盗墓者第三次来临，这一次他们用足了炸药量，把水泥板炸出了一个人可以方便跳入的大洞。据张家人告诉我们，盗墓者打开了棺盖，拖出了尸骨，没有找到任何值钱的陪葬品，只拿走了一串挂在脖子上的朝珠。我们同样与北京的大伯沟通此事。这时我父亲由于身体状况已无法出门，就由我在周末去了一次杭州。我看到的是已经修补过的坟墩，知道盗墓者以后不会再来了，但是听到了另一个威胁瞿鸿禨墓的消息。

石笋峰上原有一个永福寺，已荒废了几十年，有一个曾在永福寺出家的和尚东渡日本，成了洋和尚。几十年来他混出了些名堂，募捐得到一大笔钱，回到杭州来，要求重建永福寺，恰好杭州有一个灵隐景区的改造计划，就批准重修永福寺，成为灵隐景区改造的一项内容。瞿鸿禨的坟墓坐落在打算修建的永福寺的中心位置，很可能被铲除。我回到上海以后就写信给灵隐景区管理处，说明墓主的身份，表达了希望灵隐景区扩建后依然保留瞿氏古墓的愿望。我把这些情况报告给大伯，大伯也对祖坟的命运很担忧，但也无可奈何，只能静观其变。

一年多过去了，我写给灵隐景区管理处的信如石沉大海，毫无回音，而景区改造的计划正在按部就班地进行，石笋峰附近的居民接到通知，他们将全部动迁，安置到杭州其他地区。到了2002年下半年，居民动迁基本结束，看来永福寺的工程即将开始，瞿家后人对祖坟的命运都忧心忡忡。一天瞿同祖的大女儿瞿泽礽乘了近一小时的公共汽车，来到父亲的住处，与父亲、弟弟一起商量此事。就在大家无计可施之际，瞿泽礽双手一拍，仿佛下了一个决心，说："我想写信给朱镕基总理，反映此事。"在别无他计的情况下，瞿同祖同意女儿做此尝试。瞿泽礽回到家里，当晚把信写好，第二天一早就寄给朱三叔（朱天池）。几天后朱三叔给了瞿泽礽回音，他说信已经交上去了。朱镕基总理上任之初，曾对所有亲戚立下规矩，他绝不接受任何人为

"私事"请托，事实上朱天池也从未托过自己这位堂弟任何事情。朱三叔说他决定为瞿家破一次例，何况总理的任期也只剩下最后几个月了。

泽礽姐姐事后曾打电话告诉我她写信的事。她说写信的时候心情非常激动，一口气写了十几张纸，写了瞿鸿禨的历史地位，也写了瞿家后人希望保存祖坟的殷切心情，不知总理看信时是否嫌她啰嗦。

瞿家人在忐忑的等待中过了几个月，2003年的4月中旬我无意间在网上看到一则新闻，这篇新闻稿非常重要，它改变了瞿鸿禨墓的命运，我把它全文录下：

西湖山水多古迹　晚清名臣又现一人

新华网浙江频道（2003-03-14　09：41：39）

新华网浙江频道3月14日电　继清末北洋大臣陈夔龙墓葬被发现后，近日杭州市园文局又发现，与陈同一时代的清末军机大臣瞿鸿禨死后同样葬于西湖景区。

沿灵隐景区道路而上，直到眼前出现数排民居，民居一侧小道便直通古墓。山道青石铺就，沿路绿树葱葱。约摸两百米后，瞿氏古墓跃然于眼前，不远处的古牌坊上还书有"慎公墓道"。

据史料记载，瞿鸿禨字子玖，湖南善化人，死后追谥文慎。同治十年考取进士后，经荣禄保荐，瞿与王文韶等同任军机大臣兼外务部尚书。他曾三次向慈禧保荐康有为，又与袁世凯斗争，在清末政坛颇有影响。

在去年的全市文物普查中，杭州市园文局曾努力考查此墓，但因墓区破坏严重、墓碑遗失，墓主身份一时难以确认，直至近期瞿氏后人托人联系并以书信反映，古墓才得以认主。

据悉，瞿氏古墓即将被列入杭州市文物保护点，灵隐景区的扩建规划也将为该墓重新制订保护方案。

（据《每日商报》／蔡菱　程洁）

这篇新闻稿里有几句关键的话。一，"瞿氏古墓即将被列入杭州市文物保护点"。二，"灵隐景区的扩建规划也将为该墓重新制订保护方案"。三，之所以能够做到以上两点，是因为"近期瞿氏后人托人联系并以书信反映"。

得知祖坟将作为文物受到保护后我非常高兴，与内人一起又特意去了一次杭州，为的就是去看一下瞿鸿禨墓的现状。我把一切情况报告给大伯，大伯一家人当然也非常高兴，从此瞿鸿禨墓无需瞿氏后人操心，永远由政府照料了。过了两天大伯按捺不住兴奋的心情，又给我打了一个电话。大伯说他想给灵隐景区管理处送一面锦旗，表达瞿氏后人对政府的感激之情，他要我去办这件事。我欣然受命，按照大伯拟定的词语，定制了一面锦旗，到杭州找到灵隐景区管理处，送上锦旗。景区管理处的领导很重视，两位领导和我一起，手持锦旗，在大门口合影留念。我回到上海，把照片寄给大伯并报告此行经过，大伯还特意打电话来，夸奖我事情办得好。

瞿同祖虽然放弃了写书，但始终心有不甘，他晚年日渐衰弱，常常会一个人叹气，叹息自己最终没能替社科院写一本好书，有时又自我解嘲说总算没有写一本烂书。他在最后一次与儿子谈及无法写书的遗憾之后的两个月就与世长辞了。

2008年我完全退休了，我曾对人说，明年是大伯虚岁一百岁，我也多年没有去北京了，我想去北京，祝贺大伯的百岁寿辰，也看看诸多亲戚。可是到了10月初，我接到了大伯去世的噩耗。2008年10月3日，大伯在北京协和医院去世，据其遗愿遗体供医学解剖后火化。没有追悼会和告别仪式，没有领导慰问，没有媒体专题。虽然祝贺大伯百岁寿辰的愿望无法实现了，但是大伯极度勤奋、极度认真的治学精神永远留在了我们心中；他和蔼可亲，平易近人的形象也永远留在了我们心中。大伯的四本著作虽然是半个世纪前完成的，但是它们在近年多次再版，依然是社会学、历史学、法学等领域的权威著作，在这些领域的影响力将永远存在。

后记：写作本文得到堂兄瞿泽祁很多帮助。

我与姚雪垠

荣正一撰　陈青生整理

整理说明：

　　荣正一先生（1926-2017，江苏无锡人）是我在
上海社科院文学研究所工作时的前辈同事。到文学所
之前，荣先生先后就读于北京大学、复旦大学，曾在
中国作家协会、上海鲁迅纪念馆工作。荣先生自文学
所退休后1990年移居加拿大，先后出版有论著《鲁迅
思想发展论稿》、《论鲁迅精神》和自传体小说《故乡
叙事曲》、《大后方——抗战八年流亡曲》。1997年夏秋，
荣先生有返国之行，其间曾枉顾舍下。那时我正着手
20世纪40年代后半期的上海文学历史研究。交谈中说
到姚雪垠先生和他的作品，荣先生便说，他与姚先生
曾经共事，还有一定的交情，"今天咱们说别的，姚的
事以后告诉你"。待荣先生返加不久，我便收到他长
达八页的来信（写于是年10月15-17日，另有18日附

记），回忆他和姚雪垠先生的交往始末。信中所言，对我当时的研究有所帮助，但我一直以为它的价值不限于此。荣先生于2017年辞世，安葬于晚年侨居地的公墓。现征得荣先生家人同意，公布此信，为学术研究提供一份宝贵史料，也为怀念尊敬的荣正一先生。

此番发表此信，除删去头尾与主旨关系不大的六百字，其馀文字悉按原件，整理者只订正极个别的笔误错字和疏漏。由于信件的发、收双方对信中涉及的一些内容彼此熟知，固信中提及某事某物多用简称，对此整理者在相关简称第一次出现时加 [ ] 注明。信中写到的年份，亦多用简称，这些年份均为20世纪公元纪年，如46年、57年等，即为1946年、1957年等，

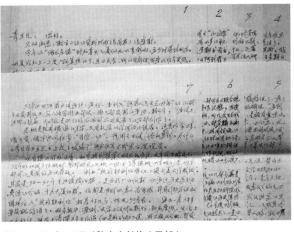

荣正一1997年10月致陈青生长信（局部）

对此信文中不再附注。

陈青生

……且从我对姚氏的了解说起。

49年5月下旬上海解放，6月，我参加申新纺织第一厂（位于沪西，长风公园与之隔一条苏州河）的工会筹备工作，被选为临筹会副主任，但主任余某是国民党区分部委员，黄色工会常务理事；虽然解放了，他却有一帮党羽，一股凌驾群众之上的恶势力。因不易对付，我等请求上海总工会帮助。总工会与申一所在长宁区研究后，以上总名义派来工作组，发动群众一番的结果是挤垮了反动势力（51年镇反时基本上逮走了），成立了以我为主的正式的工

2005年荣正一返沪时与陈青生合影

荣正一摄于上世纪40年代中期

筹会。而工作组里面的一名知识分子，即姚氏。

姚的作家名声原在大后方，原在大后方的文学青年之中。正好我是这样的青年，读过他战时的全部小说，在心目中是与张天翼、黄碧野甚至沙汀、艾芜平列的。而上海青年则极少他的读者，申新一厂的四千来名工人几乎没人看过他的作品，更不必说知其名。他是军管会文艺处（处长黄源）介绍给上总（与黄没关系），请方便其下工厂体验生活而参加了该工作组的。第一次会见，我就很高兴能认识这位来自大后方的熟悉的作家，他遇到一位"知音"，当然也很激动，于是建立了友谊，到57年反右才告中断。

彼时我已有一大柜书，而且全是中外文学书，这也是全厂绝无仅有的，从《鲁全》46年版到屠、托、高、罗［指屠格涅夫、托尔斯泰、高尔基、罗曼·罗兰］以至郭、茅、丁［指丁玲］等应有尽有。他在上海没家，发妻王梅彩在河南老家。周末他离厂出外，主动告诉我上海有个"小公馆"（因我劝他周末在工厂附近工人区多走走，一块儿上小馆子），所有不多的书也在那边。他是七名工作组成员中最自由化的，经常到我寝室翻书看书，拿走了可以不留条子。那时最爱看屠格涅夫，看了新出的《阿列霞》（中篇散文诗式的小说），还书时，两人就一夜吹牛到凌晨，反正他住处也在同一楼面上。49年9.1，以我为"核心"（胆大包天）的申一工筹备会正式成立。一周后，工作组撤出。此前我曾向他索书，因除去重庆时代的一册《小说是怎样写成的》

外，他的小说我早已留给大后方的少年朋友了。他也说早该送书给我的，于是写一封信，让我持去四马路某弄（是某书店后门，不是怀正便是东方）找某某。取得的是《差半车》〔即《差半车麦秸》〕、《牛红》〔即《牛全德与红萝卜》〕、《戎马恋》（已改名为《金千里》）、《春暖》〔即《春暖花开的时候》〕（三册）、《重逢》、《母爱》、《长夜》和《记卢镕轩》，可谓当时的"全集"（战前作品未成集）了。我请他题字，他想了一想，挑出《长夜》，在扉页写道："过去的作品对我都是包袱，但愿今后写出像样的来。"

落款"姚雪垠"，日期为49年9月上旬某日。可惜这批书大多在"文革"中散失，但这题句是一字不错的。那年他卅九，我则廿三，自然以师友目之。

工作组撤退。我们征得长宁区委同意，请老姚留下，主要办两件事。一是办个文学讲习班，给爱好文学的工人讲点文学知识，这种对象很少，我把工会干部也拉上。他讲了两课，请许杰先生讲了一课。后来不了了之，主要是对象问题。另一件事是请他支持我办厂校。初期的教员只有他和我，加上两名职员同志，但从无到有，办起来了。50年春，他彻底离开申一，去大夏任教，我请他为厂校聘几位大学生来任教，他请来了三位女同学，都教得挺认真的。

两人的私交日益加深。在厂时，偶尔也"集体"吹牛，吃喝，但大多是两人谈天说地。我曾请教他对小说名著的看法，答曰，长篇小说以《安娜·卡列尼娜》为魁首，短篇则无出鲁迅其右者。他对茅盾、叶圣陶是恭谨的，这在《长夜》原序中看得出来。对郭沫若则颇不敬，横来竖去地数落，郭的屈原研究乃至历史研究，都值不了什么，三番四复地否定。文学史呢，他说唐以前的文学史没人写得好，因为没人研究好，而他则深有研究，将来要写一部独到的文学史。他把拟写的几部长篇小说的腹稿讲给我听，让我佩服和入神。大夏任教后，他搬进校园，单身同陈旭麓住一个小楼。因我常去看姚，也就认识了治近代史的陈。陈旭麓先生的气质风格迥异，随和、平稳但又不乏锐敏之气。（陈太太陆女士，53年要求出来接触实际，曾被分配到我负责的民政工作队，共事两个月，很锐敏也随和。）姚则锋芒太过，自负太过，夸耀太过。某夜，他拿出两本英文杂志，指给我看原先对他的《差半车》等小说的好评，同时又自炫一通，犹如全盘否定郭沫若一般全盘颂扬自己的作品。那夜吹得很晚，最后他送我到大校门，走在门内大道上的时候，非常明确地对我说："我，有一个野心，要拿斯大林文艺奖金！"因为谈及丁玲的《桑乾河上》，他说"没有写出人物"；周立波的《暴风骤雨》则"基本上是《被开垦的处女地》的摹仿"，然而两者分别获得了斯大林文艺奖金。

当然我对他全盘否定别人和过分夸耀自己是早有看法了，但还真希望他拿到该项奖金，尽管对他向我谈过的那些腹稿或题材能否写得很好，也不免怀疑。

由于向他请教创作问题，请他看过我的一些"旧作"（47年的一些短篇小说、杂文和小评论，极幼稚，梧州《西江日报》发表）和49、50年《解放日报》登过的若干东西。他说可以继续写，多写，多锤炼，会发出闪光云云。51年春，他介绍我参加了"全国文学工作者协会"（作协前身），随后，他就离沪去河南参加土改，体验生活。数月后返沪小住，又离去，就算是河南的人了。

但与我保持通信联系。53冬54春，他来函云要给自己的旧作编集子，请我为之搜集抄写。我遵他所嘱，跑了一阵鸿英图书馆，那是报刊杂志齐全的地方，借到他指定的各种期刊（战前的，1936年前后），拿回家去用钢笔抄在直行稿纸上，还让我念中学的三弟分担任务。抄完了，再买五百张他让买的卡片，一道寄去，受到了表扬。然而56年我在北大，写信问他集子何时出版，他却顾左右而言他，我就颇有想法了。

57年春，他在京给北大的我发信，约我上吴组缃先生家见面。我按时赴约，可吴先生告我说，他们的约会改期了，姚让我于星期日到北池子某胡同相见。我又按时赴约，他在埋头定稿。我问是否集子要发稿了，他说别提那老八辈的事了，这次是两部长篇，一写反特的，一写知识分子的，青年出版社等着发稿，所以请他来了。但现在大鸣大放，应酬特多，一会儿《文汇报》记者来，他请吃饭，让我同赴。我说不行，我姑妈有病，表兄全家等着呢。所以聊一会儿天，不过半个来小时，就告辞了。

他着重问一个问题：解放前你在国统区做工多年，跑过多个工厂，能不能说，那时工人的各种程度的"工人运动"都是在党的领导下进行的？我答说，不能，并举出实例，证明党领导的和没有党领导的自发运动之别。老姚听罢，拍桌笑道：你证明了我的想法，确定了我的一个观点。

不久，我在北大看到《文艺报》上有他一篇鸣放文章《打开窗户说亮话》，其中便用了我"证明"并帮他"确定"了的观点。而且后来，姚氏被武汉作协打成右派的材料中，"反对党的领导"一款中，也有这一点。倘说，看《文艺报》时很高兴，看右派材料时就极扫兴，且不免有些歉然了。但又想到，材料那末多，我提供的即使抹掉，也救不了他。不消说，他的两部长篇都泡汤了。直到63年《李自成》第一部上下册出版，我才为他高兴一下，差不多同时还看到《长江文艺》上登他一篇《黄鹤楼饮茶记》（？），大约算摘帽之庆罢。但尽管我对《李》第一部极赞赏（以下的则不然），也没有去信恢复关系。

73年在干校，臧克家"解放"，我俩自由地谈论文坛，谈到老姚，都很关心他"文革"以来的命运（臧、田涛、碧野、雪垠四位，抗战初是好友，都在李宗仁第五战区当过"参议"），克家说，他有办法联系。不久，我因糖尿病返沪休养，先得干校克家信，说联系上老姚了，给了地址。随后老姚果然来函，请我为他买点卡片，要我回（咸宁）干校时，一定到他汉口的家中吃饭。不消说，卡片也买了，家中吃饭也实现了。江轮八点靠岸，马上找到他家，阔别重逢，说不完的话。他发妻王梅彩我才第一次见，但已是十足的老婆婆了，她做的好菜，就主客仨享用。直到下午四点，方才告辞。他主要告诉我，由于毛主席63年看《李》〔即《李自成》〕后，说过应让他写下去，写完，所以"文革"中受到保护。并且把《李》的三四部腹稿说了一通；完成了《李》，准备写太平天国，也是几百万字的特大长篇，明确说，"要创出一个世界纪录"。这话，由他嘴里出来，到我耳朵进去，是颇有意味的。但我衷心祝他成功，提醒说，我唯一的耽心是怕书出不来，不让出，尤其是怕你的本家那一伙作对，不让你出书（姚文元58年曾在解放报〔指《解放日报》〕上发文章，大批"右派"姚雪垠以显其"左"）。接着便议论后来成为四人帮的三位。他说出版是一大问题，问我，徐光霄（戈茅）算不算文化部，可不可以找？我说是，可以找。

后来的事实是他干脆给毛主席上书了，这当然正确。毛说"赞成出版"，让张春桥办。张让负责出版局的徐光霄落实。于是文学出版社和青年出版社争夺出版权，姚则因《李》原由青年出的，仍归青年。青年仍把他请到北京。他的上书对活跃当时的文艺界也有客观积极意义（倘毛不"赞成"，自然就不妙了），而他本人则未免得意过分。在由武

215

汉进京的火车里，他大肆自吹，赋诗几首，到京后就给克家看了，克家既贺之，又劝其冷静，他却傲慢不可一世，满话到处讲，老朋友倘非权势人物，就不屑一顾了。那几首诗，文艺界人们颇有摇头者。我也觉得大有一登龙门身价百倍之慨。所以，《文艺研究》的（封）凤子要我同去看望，我敬谢不敏，但凤子再三要求，说是重庆以来几十年未见了，不见一面说不过去。我乃不得不奉陪。到那，他开门一看，矮老太背后站着我，故作惊讶："你几时到北京的呀，不在上海养病啦？"其实他早知我常到克家处做客，克家曾主张仨人在他家吃饭吹牛，他说太忙了，以后再说罢。不只对我说假话，也对另一些人，名人耍小聪明，不实，总之是人不可以青云直上，直上了就会变态。

78或79年，他对臧克家的干校诗集《忆向阳》发起突然袭击，上纲上线，为突出自己不可一世之功，完全丢掉了起码的交友之道。我忍不住，写了一篇批评文字，并结合他对另一位朋友徐迟的无端攻击，稍稍数落几句，虽仍留情，他已受不了了。在北京对不只一人云，因为他没有送给我《李自成》，所以我才攻击他。——夫复何言！

既如此，彼我之间的友谊也就非打句号不可了。

他从前的信件早已散失，现存的大约只有我干校后期一封，还有一张半身艺术照片，神采奕奕，是因我给他买了卡片寄去，回信寄来的"留念"。（其实49年在工厂时拍的照片普通得多，也自然得多。我还保留着。）

姚雪垠1973年
致荣正一信

《长夜》是45年抗战胜利前夕他在四川动笔，翌年完成于上海，曾有一部分在《联合晚报》上连载，我偶尔看过一点。直到49年他送我一本，才窥全豹。看得很过瘾。当夜读讫，第二天便请教。他告诉我书中菊生即他本人；并从此开始，分几次对我叙述了他的全部经历。当时，我书柜里已有48年香港出版的、邵荃麟主编的、有乔木（冠华）等人撰文的不定期刊《人民与文艺》两册，其中一册有胡绳的文章《评姚雪垠的几本小说》（青生你说好像当时或稍后文坛对他有批评，恐怕就是《长夜》出书两年多后的香港的胡绳此文）。胡绳的《唯物辩证法入门》一书，曾与艾思奇《大众哲学》一道打动过桂林少年我的心，很钦佩，所以48-49年看了他的评姚文，便全部"吃进"了。又所以拜读了姚赠的《长夜》，就问他对胡文如何看。他则说，"见仁见智罢"，不正面回答。

据我的记忆，胡绳除较多地肯定《差半车》外，对姚的几部长篇贬多褒少。关于《春暖》则因曾鼓励支持姚去创作，并在彼主编的刊物上连载过，所以在48年的该文中有自我批评，像一个党员，引我起敬（后来当社科院长，过左，不那么可敬了）。胡文认为《长夜》没有写出农村必然崩溃的历史原因（背景），还批评了姚对土匪动辄杀人的欣赏性的描写。（《长夜》新版是否改过，改得怎样，我不了解。但我赞同胡观点。姚的特点之一是不爱听批评。战时他与"胡风派"对立，一个因素是人家批评中指出《牛全德与红萝卜》有色情描写——是事实，虽较轻度，可以不提——他就不能容忍，四十年后还大叫人家给他扣过"色情文学"的帽子，过甚其词。实际上就在《长夜》中，写土匪在青天白日下破了寨子公然强奸妇女时，他陶菊生上去帮着推土匪的臀部，也是明显欣赏的笔法。）

对《长夜》有无其他评论，我不知。如果你能借到48-49年香港的《人民与文艺》（似乎还有"文艺丛刊"一类的另一种版本，廿四开本，普通杂志厚度），看一下当年的胡文，必受启发。

《记卢镕轩》大约只两三万字，是传记，或传记文学，卢是姚故乡一位颇有成就而默默无闻的发明家。他为之作小传，当然是好事。但我已记不清《卢》与《长》是否同时期之作，倘是，当然应该一提。你且找本书来读罢。

49年在我们厂的工作组时期，他写过解放初的第一个短篇，《因为我也是工人》，发表于廿四开本的《小说》期刊，忘了是靳以还是谁编的了。这篇小说是根据一位纺织女工的真实事迹，经他访问有关人以后写的，构思时也和我议论过。但写成后让我提意见，我却只说"总归不大像工人"。他因为难以改"像"，就送去发了。如果是"十一"建国之前，也可列为筛选对象。

51年他回河南土改返沪，送我一本列入"河南人民文艺丛书"的小册子《突围记》，写八路军游击部队一排干部的事迹，数千字。连同上述那个短篇，大约就是他打成右派前公开发表的全部创作了。

老姚是既有横溢的才华，又有扎实的学问的小说家。这类作家不多，很可贵，惜乎过分狂妄，"目空一切"一语用之于彼，恰如其分。为什么《李自成》在艺术上走下坡路？当然他可不那末正视现实。

他自撰的回忆文章，和包括张葆华（在《文艺报》待过，"文革"前安排走了，77年我和凤子访姚时，张即将充任姚的秘书）等撰姚的传略之类，似乎都有与真实经历不符处。例如，"抗战胜利后曾任上海大夏大学教授"。其实是50-51年才进该校任教。是在我厂的后期，他通过历史系主任吴泽的介绍，才去大夏任教。话都是当时他本人告诉我，并有行动为证的。解放后与"抗战胜利后"相差好几年，何况50年呢。这么一来，许多事实就勾销了。46年抵沪，潦倒，文学上没什么新作，知名度低，生活上不大好过，政治上停滞乃至于后退（他是抗战初入党，因不服从分配，即发表《差半车麦秸》后在武汉名声大噪而翘了尾巴，才脱党的。1949年我问他组织问题怎么不解决，他说现在刚解放，追求"组织"不大好。因此，直至70年代末到京后才解决，那时仍算武汉作协的人）。当然，抗战时期，他的文名不及臧克家的诗名响亮，但解放战争后期，党把一批批进步文化人由沪护送港送往北平参加新政协，有臧而无他。重要一条是要防着他，认为他与某些政治面目不好的人混在一起，甚至参与"假党"的活动（这是长宁区委组织部长提醒我注意的，我则仍同他交往但不提这类问题）。57年打成右派，有一条说是解放前夕冒充华东局什么的，即此也。

......

刻画农民和知识分子是老姚的特长，《长夜》中土匪的一些人就是农民，当然落后。知识分子则《春暖》中有一批。其实《李自成》的高夫人和她的两位女亲兵也是。

上海中国画院特别班

陈　铃

　　2003年，时年八十七岁高龄的上海中国画院顾问、画师邵洛羊曾撰文述及60年代初期的上海中国画院特别班。他说早在画院筹备期间，时任中共上海市委宣传部副部长兼上海市文化局局长的徐平羽就曾指出画师都有一技之长，要求及早打算培养下一代，最好能出一百个齐白石（邵洛羊私下对徐平羽说"这要求高了"。徐点头）。另外他提到："第一批学员中有工人陆一飞、邱陶峰，农民吴玉梅（女），中学生汪大文（女）、徐志文、毛国伦、杭瑛，还有两位西安美术学院毕业（留校）苗重安和一位姓王的是专门来进修的。"（参见《上海中国画院特别班：师傅带徒弟》，《世纪》2003年第4期）邵老的回忆很有历史价值，但很容易让人产生这批学员是同一时间入学的错觉。实际上，陆一飞、邱陶峰、吴玉梅、汪大文、毛国伦是1960年调入画院。"姓王的"其实是刘保申，他和苗重安也是1960年来画院进修

画院首批学员和西安
来院进修的学员在画
院内写生

的。徐志文和杭瑛则迟至1962年才调入画院。另外一位没
有提到的是唐逸览，其父亲即唐云。

一

　　1960年6月，上海中国画院正式成立，由丰子恺出任
院长。陈毅市长亲自为画院题写院名。画院一成立，就筹
划招收新生，并聘请院内资深画师，采用传统的师徒相授
制教学模式，以为画坛培育新人。9月起，画院先后在工厂、
农村、学校、少年宫选拔五位青年，吸收来院深造。这五
位青年，即陆一飞、邱陶峰、吴玉梅、毛国伦、汪大文。

当年的选拔标准,讲究阶级成分。因此,陆一飞和邱陶峰都是工人出身和共产党员,吴玉梅是农村姑娘,毛国伦是中学生,两人都是共青团员,汪大文则由上海市少年宫推荐。毛国伦后来回忆:当时他就读于上海大同中学,刚上完高二的课程,就接到学校的通知,让他去画院报到。这对他来说是天大的喜讯,因为他儿时的梦想就是天天能画画。后来他才知道,画院有位叫郑慕康的老画家曾来学校看过他的画。

是年12月29日,画院为七位学员郑重举行拜师仪式。拜师仪式较为简单,也较新式,学员只向老师恭恭敬敬鞠三个躬,老师也还礼,以示师生平等。邱陶峰师从贺天健学山水,陆一飞师从吴湖帆学山水(1961年吴生病,又师从陆俨少),吴玉梅师从唐云学花鸟,毛国伦和汪大文师从樊少云(樊1962年初即去世,因此教学时间应相当短暂)、程十发(1962年程生病,曾由谢之光暂代)学人物兼山水。西安来的苗重安和刘保申则分别师从贺天健和王个簃。丰子恺在拜师会上勉励学员,要认真学习前辈丰富的绘画技法,努力成长为真正的工人阶级画家。仪式结束后,组织上要求徒弟送师傅回家,表示尊敬的同时也可认认门。陆一飞雇了辆三轮车送吴湖帆回到家后,还情不自禁地下跪叩头行礼。吴先生非常激动,连说"免礼、免礼",并亲自扶他起来。至于1962年新招收的三位新生,据笔者所掌握的有限材料,一开始并未拜师,需要甄别后再正式举行

丰子恺与首批学员。左起：吴玉梅、毛国伦、邱陶峰、丰子恺、陆一飞、姜
大中（负责教务工作）、汪大文

拜师仪式。徐志文和杭瑛都是团员，暂定分别师从程十发
（谢之光暂代）与王个簃，唐逸览师从唐云。

二

　　当年画院的教育培养模式是高举毛泽东思想红旗，遵
循党的文艺为工农兵为社会主义建设服务的方向，贯彻百
花齐放、百家争鸣、推陈出新的文艺方针和教育与生产劳
动相结合的教学方针，由各个老师采取传统的师傅带徒弟
与共同课相结合的方式，因材施教，有计划有组织地进行

授徒教学，并请来楚生、张大壮、沈迈士、周錬霞等兼任共同课老师。周錬霞的诗词课很受学生喜欢。早在抗战时期，她就以《西江月·寒夜》名动上海滩，词中有一句："但使两心相照，无灯无月何妨。"

教学科目主要有：（1）专业课，包括人物画、山水画和花鸟画；（2）共同课，包括文学、文艺理论及画论、篆刻及题跋、人物造型基础、山水画、花鸟画；（3）政治课，包括政治时事、哲学及其他有关青年修养方面的学习。每学期授课及实习时间分配比例如下：专业基础训练，420课时；共同课，180课时；创作实习，192课时；政治理论，60课时；深入生活参加劳动，252课时。此外，每学期15周中，

周錬霞《新生》，1959年

规定每周早晚自修时间15小时，共计225小时，进行写生、阅读书报、开展学习心得交流、团小组民主生活会、欣赏电影和戏剧等活动。

每当学期终了，为检阅学员一学年的学习成绩，各人还会选出大部分作业在画院内陈列。届时，画院、文化局、上海美协的有关领导，以及画院内外的国画家会前来品评。同时，画院还会邀请各美术专业和群众业馀辅导班师生前来指教，广泛征求意见，以改进教学。在第二学年的作业汇报中，大家对学员的反映良好，其中对吴玉梅、毛国伦的评价尤佳。

画院对于专业课不作统一教学进程的规定，充分发挥各位教师不同的教学经验和特点，并结合学员的禀赋条件而因材施教。比如贺天健教授山水画，可以划分为五个阶段。首先，从古至今，按部就班，采取边画边讲方式，传授历代代表性画家的基本技法。经过一年半实验结果，使邱陶峰认识了唐、宋、元、明、清各个时期代表性山水画派的特点及其演变过程，掌握了画树、石的基本技法。接着进入第二阶段，教导学员从上而下，放大或缩小临摹各家各派山水画的印刷品，以咀嚼其精华，得到整体的灵活修养和全局的结构锻炼。第三阶段是写生，他对学生说你们学到的皴法就是从大自然来的，范宽、石涛的结构都是有来历的，从体验生活而来。第四和第五阶段分别为创作和色彩。邱陶峰回忆：他跟贺天健学画整整有三年半时间，

贺天健《会心图》，
1960年

但也只学到第三阶段，不过已经受益匪浅。

　　唐云教授花鸟画，采取写意、工笔并进，临摹、写生、创稿三结合，随时示范，边讲边画，提问启发等方式，并从欣赏文物、探讨工艺品的造型结构过程中，讲解造型艺术的共通性，使学员能触类旁通理解绘画的特殊性。终于使吴玉梅初步能以写意、工笔形式写生花卉，进行创稿，成绩很突出。唐云对吴玉梅的关心和教导，可从当年他外出时写给她的一封信看出来：

玉梅：

　　上次来信，你在暑期中，对自修功课安排得很好，我很高兴。我因多动脑力写文字，就要头晕，所以没有复你。今得来信并诗五首，诗我已改好附来。改是费了一些推敲的，由于我对诗没有下过苦功，一定有很多未妥之处，还是请周老师上课时，请她重新修改一下，她做诗词比我强得多，经她改后，你好好钻研，有好处。

　　这学期花鸟课程，我昨日有信给姜大中老师，具体情况，经他考虑后，是会关照你和逸览的，一切要遵照他的意见，要敬尊，要听话，我常和你们谈过，想你们一定不会违拂我意。约在十月中旬（或能提早）回沪，距今尚有一个月另几日。在这段时间里，你们准备好《画法要录》上的一些问题，有不懂的，有疑问的，有体会的，晚间或自己固定时间，做好笔记，我回来要问你们，也要看笔记。我知你们在绘画上是努力的，理论上注意较差，没有理论，见解狭窄，对创作是有影响的，所以我在此特别提出，希望你们注意。……

　　书法，这学期，每星期临怀素只要临二次，馀的时间临后面译文小楷（字要写得工整），草书写惯了，会不耐心写小楷，小楷基础差，草字也不会好。过去要你写草，由于你书法绘画都不曾学过，首先要使你

唐云给吴玉梅的信

胆大气旺，一味气旺胆大，没有小楷书功夫，易流入粗犷，所以现在要你收敛学小楷书了。草草此复，即祝进步。

唐云　九月九日

程十发教授人物画，主张取法乎上，从传统造型基础上来表现现代生活。他一面指导学员学习古代优秀传神画技法，一面授以传统画方法写生，打好现代人物写生基础，反对全盘用外来技法代替传统写生，强调"以形写神"，注重精神状态和思想感情的刻画，甚至每一根线条都要找出与人物性格的内在联系。学员毛国伦、汪大文渐渐掌握白描、淡彩、重彩人物画基本技法，认识传神画"以形写神"的特殊功能，可以初步模仿古人和老师的表现形式创作白描连环画以及真实地描绘现代人物。程十发经常对汪大文

程十发《第一回胜利》，1956年

说："登山登到最高峰，登上喜马拉雅山，即使掉下来也高于其他山峰。记住，传统笔墨是老祖宗。"

不过，因为老师之间的艺术理念和教学风格很不一样，有时也会造成学员在学习体验上的反差与困惑。比如在给学员布置作业方面，贺天健的要求非常严格。邱陶峰临摹一幅古画不时要画上几遍才行，往往要三四个星期之久，而且在此期间还不允许创作，不免会感到枯燥乏味。因为

1960年贺天健与学生邱陶峰、苗重安合影

邱陶峰整天埋头画老师布置的作业，对其他功课很少钻研，所以在一次政治和业务常识测验中考得很差，都只有三四十分。而有的老师，规定就很灵活，而且鼓励学生进行创作。邱陶峰后来说，贺天健检查学生临摹的质量，一看是否掌握技法，再看有没有临到该画的精神，不到位就继续临，古画他前后临了四十多张，老师比较满意的是一张《富春山居图》，还有一张王蒙的《青卞隐居图》，后面这张他至今还完整保存着。

此外，谢之光曾公开在学生面前"不尊重"其他画师的成就，有时还不许学生临摹古代名作，只介绍任伯年。他说：临摹古画要中毒，不能为描绘新题材服务。对写生课，他主张描写大体形状即可，不必深刻刻画形象。对谢的说法，多位学员却不以为然，认为学不到真本事。郑重先生曾评价谢之光是一位落拓不羁的画界怪才，平时如游方僧，诙谐潇洒，不拘小节，只有一个栩栩斋，自号栩栩生，也只是破屋一间，秃笔数管，画兴一上来，他会随时随处作画。他课上对学生讲的话，既是性格使然，又是对自身绘画风格思考探索的反映。他早年创作月份牌的画风是工致细腻的，1949年后画檀香扇时仍保持着工细写实的风格，进入画院后，已经走向以放易工，到70年代前后画风终于大变，其山水抽象概括，色墨交融，其人物形简意赅，端庄传神，脱去了原来的样式习气。没有60年代的蓄势待发，就无其晚年作画上的江河奔涌、一泻千里。（郑重《丹青行》，第99—100页，东方出版中心2012年版）

三

画院党支部为使学员实现又红又专，对政治教育工作抓得较紧。学员除了上政治课，还参加政治运动、国内外形势学习和各个学期下乡下厂体验生活等活动，努力提升自己的政治理论素养和思想觉悟。在参加政治运动方面，1961年的"三反"运动中，学员曾参加查账及清仓工作。在党提出精兵简政，动员一批职工支援农业生产的时候，陆一飞说服两个弟弟（都已分家各立门户）分别带领全家共十二口人回农村支援农业生产。在劳动锻炼与体验生活

1964年赴上海罗店公社深入生活，毛国伦与富华、陆一飞、唐逸览、陈志明合影

方面，画院还曾先后多次组织学员去工厂、农村人民公社及渔场体验生活，一面劳动锻炼，一面进行写生实习，还为当地绘制大型宣传画、壁画。在政治时事学习方面，学员遵守每周一三五晚上集体读报，经常组织学习报纸杂志刊载的有关青年修养等方面的文章。

另外，有的学员还进一步明确了学习目的性，端正了学习态度。如陆一飞和邱陶峰两人思想一度不太稳定，因为他们都希望学人物画（原先已有人物画的初步基础），认为过去从未学过山水画，故对山水画兴趣不高，缺乏学好山水画的信心。这种思想经过画院党支部教育启发以及教学实践，逐步被纠正过来。再如杭瑛，一开始不太听老师王个簃的话，甚至老师认为不好的作品，还拿出去参加展览，以至于老师一度曾提出对教育他没有信心。经过教育后，他找王个簃表示要改正自己的缺点。

上海中国画院创设特别班、师傅带徒弟的教学方式，虽然有时代政治的明显烙印，却是对画苑传统的继承和创新，事实证明其教学效果是卓有成效的。邵洛羊评价这些学生"个个成材"，"不负期望"。但在60年代"左倾"思想越发严重、画院日常工作受到干扰的环境中，特别班实际上只办了一届，本地学员外加进修的两位学员也不过十位，殊为可惜。

不过，令人甚感欣慰的是，除了以画院名义开班教授，当时仍然存在画师私人授徒这种传统的教学模式。有些画师如王个簃、贺天健、吴湖帆、唐云、吴青霞、庞左玉等在1949年前就已带有徒弟，有的如陈秋草、黄幻吾等还办过画室，公开招生。像"梅景书屋"的弟子，成材者甚多：王季迁、宋文治、俞子才以山水见长，徐邦达精于鉴赏，朱梅邨工人

王个簃《走向生活》，1958年

物，陆抑非、张守成擅长花卉，任书博善写竹、篆刻。他们早在40年代初就蜚声于海上艺林。1949年后，正式拜师的情况大为减少，但寻师访友、登门求教的还很多。1962年下半年，为培养国画艺术的接班人，画院领导曾根据上级指示精神，向画师表示过，可以私人带徒，适当收费。据不完全统计，当时画师中私人收徒者共计十五位，分别为陆俨少、张守成、周錬霞、朱梅邨、张炎夫、来楚生、张大壮、唐云、王个簃、吴青霞、贺天健、程十发、李秋君、陈佩秋、吴湖帆。学生的成分有少数是资产阶级出身，没事可做从事学画，但绝大多数是有一定职业且爱好国画。这种民间自发的学艺力量无疑具有顽强的生命力。

四

1963年12月，根据毛泽东指示，文艺界开始整风。1964年，画院画师、职工下乡下厂参加"四清"运动。1966年，"文革"开始，画院受到严重冲击。画院业务活动停止，开始开展写大字报、大批判、大串联等活动。十年中去世的画师竟有十七位之多，而建院时仅有六十九位画师。

1968年7月，吴湖帆在一片凄凉中病逝，为他料理后事的正是弟子陆一飞。当时他想为老师穿双袜子，火葬场来的人就不耐烦了，问他是何人，为什么还不划清界限，然后他们将老人用白布一裹扛走了，最终连骨灰也未能留存。(王叔重、陈含素《吴湖帆年谱》，第539—541页，东方出版中心2017年版)1969年初冬，丰子恺被赶到上海郊区曹行公社劳动。女儿丰一吟去给他送御寒衣物，看见父亲孤独地站在寒风呼啸的田地里，胸前挂着一只蛇皮袋，正在采摘棉花，全身冻得直发抖。1975年9月，丰子恺病逝。

吴玉梅因为保护画院的人事档案，被造反派关押。在一次被批斗后，她走到楼梯口，谢之光老师过来偷偷塞给她一粒糖，并说"饭要吃饱"。在批斗会上没有哭的吴玉梅却在那一刻失声哭了，就为老师给了一粒糖。(吴春荣等《江南一枝梅——吴玉梅传略》，第100页，上海教育出版社2008年版)谢之光在"文革"中照例清贫，病中的夫人要吃鸡蛋，他到菜场去买，但身无分文。卖蛋姑娘知道他是位画家后，告知他可以用画换蛋，他回家找了两开册页换了几个鸡蛋，还高兴地对学生说："我的画值钱了，可以换鸡蛋了。"(郑重《丹青行》，第100页)可惜，他在"运动"快结束时死去。

陆俨少因为坚决不承认自己是逃亡地主，被审讯的造反派一拳打在脑门上，差点晕死过去。事后他预备前往淀山湖自投清流，但在车子上想到自己绝不能这样不明不白死去，于是回心转意，挺了下来。(陆俨少《陆俨少自叙》，第85—86页，上海书店出版社1986年版)周鍊霞也因为拒不交代问题，被造反派用皮带打伤一只眼睛，最终完全失明。她没有选择轻生，后来还请人刻了两枚印章，一枚选用屈原《九歌·湘夫人》的"目眇眇兮愁予",一枚使用成语"一目了然"。

　　1981年，汪大文带着儿子赴美留学，拜见了收藏家、画家王季迁。程十发在推荐信中说："今女弟子汪大文来美旅游观光，特持书敬谒前辈，望多照拂、教导。"结果母子俩在王家一住就是四年。虽相隔遥远，但师生之间音书不断。程十发在信中会和汪大文讨论艺术问题，谈别人造自己的假画与索画者太多带来的烦恼，述说家事及他对生母的思念。从某种角度看，他是寂寞的，所以需要向女弟子倾诉自己。2007年，程十发辞世。至此，上海中国画院特别班的所有业师皆化作历史中渐行渐远的背影。

简又文和《逸经》杂志

谢其章

大权独揽办杂志

简又文（1896—1978），他有个怪怪的笔名"大华烈士"，从俄语"同志"товарищ读音转来。我上中学的时候学的是英语，那时候俄语已经远不如50年代兴旺和吃香了。院子里有几个高年级的邻居，学的是俄语，所以我很早就知道"阿是我，逮是你，达瓦列士是同志"。现在说这话，并不是说我一眼勘破了简又文的笔名，好像还是谁告诉我的或者从书刊上读来的。要说特别地关注起简又文，那是因为他主办的《逸经》杂志，《大风》杂志倒在其次。至于简又文所说"记得在前年春间，林语堂，陶亢德，徐訏诸君和我数人共同创办《人间世》小品文半月刊"（《〈逸经〉的故事》，《逸经》创刊特大号，1936年3月5日出版），简直让我吃惊了，《人间世》的创办有简又文参与么？过去忙忙乎乎地搜罗民国刊物，许多事情只是浮光掠影地一瞥而过。等到有工夫沉下心来写点东西，才发现该补的功课真不老少。譬如简又文与《人间世》的关系，请教了宋希於兄之后，"拨开迷雾见青天"。

三十年前我入手林语堂旗下三大杂志《论语》、《人间世》、《宇宙风》，迟至今天，才弄明白《论语》和《人间世》另有东家，林语堂只是个经理的角色；《宇宙风》才算"私企"，还带点股份制的意思。弄明白了这个道理之后，《逸经》就好定性了，——简又文私企，简又文独资，简老板，一支笔。《逸经》版权页上的"社长兼发行人　简又文"从始至终，大权独揽，未曾旁落。《论语》的东家是上海时代图书公司（邵洵美），《人间世》东家是良友图书印刷有限公司（伍联德）。庄钟庆在《论语派》中这么写的："《论语》半月刊一九三二年九月十六日创刊于上海，林语堂任主编，因产权纠纷，第二十七期以后由陶亢德接编，不过林语堂仍为实际主持者。""一九三四年四月林语堂、陶亢德在上海又创办《人间世》半月刊，由于编辑部门与出版部门的意见龃龉（此话似袭用郑逸梅所说'中间因编辑与营业方面时有矛盾'），创刊一年多即于一九三五年十二月停刊。"不管庄钟庆写的与事实有否出入，总算涉及我一直忽略的问题。林语堂对《人间世》事耿耿于怀："又文兄：你办《逸经》，我甚赞成。即使没有别的原因，单看目前《人间世》第四十二期出版一个月我应得的几本尚未收到，而四川路

至愚园路并不很远——这就可以令人明白我何以主张办报非自己办不可。"(《与又文先生论〈逸经〉》,《逸经》创刊特大号)

简又文接着上面那段话说:"中间,因编辑与营业两方面意见分歧,波折屡起,而进行乃遭阻碍。勉强维持至契约期满,我们决定不继续办下去了。于是林君乃与我商定自己另起炉灶,各办期刊,必使事权统一,免再受气,而力谋发行方面之改良,务求编辑理想之实现。不久以前,《宇宙风》已在林陶二君主持之下出而面世,雄视文坛了。而我们另外几位同志创办的《逸经》文史半月刊,经过几

1934年9月《论语》杂志插页"简又文《自题旧照打油诗十首》"

个月的筹备，如今也要同读者诸君行初会礼。"1936年3月5日，《逸经》面世，零售价一角。简又文经营有方："至于卖价，固定每期零售一角，特大号二角。长期定阅全年一元。总之，《逸经》文稿丰富，人才齐备，声誉鹊起，销路大增（每期零售销至二万馀，长期定户增至六千），而经济方面则资本充足，报费收齐，又有几页广告费以资弥补，所以稿费，印刷费，邮费，员工薪金，与一应杂费均可应付，既不为牟利，也不至亏本，兴之所至，随便加多篇幅，改善内容，对内只求自己进步，对外则务要读者及文友满意。"这样良性循环的悦人悦己的刊物，放眼30年代的杂志界，并不多有。1966年高伯雨（林熙）《大华》杂志的景况有点儿像《逸经》，但是资本可谈不上充裕。

拍场忍欺思痛史

好像谁说的"文似看山不喜平"，这篇小文又不是考职称的论文，不妨想到哪就写到哪。寒舍所藏《逸经》，得之不易，又是当年最缺书钱的时候强努着劲买的，记忆尤深。三十年前，只在旧书店买到过零星的《逸经》，还从书友秦杰那里交换来几册。2006年3月9日，西单横二条中国书店报刊门市部的小型书市，马经理按照我之前开的书单，找来了《中国文学》和《逸经》，前者是全份十一期，《逸经》全三十六期，却少了四本，犹豫了一会儿，终究还是买了。《中国文学》两千七百元，《逸经》三千元，共计五千七百元，马经理优惠九折，实付五千一百三十元。寒舍所蓄民国期刊，基础是在海王邨种金明师傅的关照下打成的，第二阶段要算是邃雅斋吧，第三阶段确定不疑横二条马经理，笼而统之，即中国书店惠我良多。

　　经常读一些淘书文章，好像都很忌讳写明具体的钱数，我已经到了这把年纪，老婆早已管不了我任性的买书，把书价写出来也能证明我对简又文和《逸经》的一片痴心。所缺四期分三回才配齐，第十九和二十三期是去年配来的，这两册八百八十元，邮递员对我说对方保了九百元的价，呵呵。这两期《逸经》封面盖"桂西僮文学校图书馆藏书"章。馆藏书不大受待见，我却喜欢这样留有历史印记的旧刊物。由此想起了一件不大愉快的往事。

　　辛德勇，学问好，性格刚烈，有"辛神"之美誉。认识辛德勇有二十年了吧，知道他是黄永年教授的高足，与老师一样雅好藏书。前年的一回饭局，聊起他当年在海淀旧书店的捡漏大丰收，辛德勇说我还羡慕你当年价没起来的时候收了那么多老杂志，这话听着真舒坦。饭局上还聊起当年"巴金藏书流落地摊"的旧事，我很佩服涉事其中的辛德勇的硬气，相比之下我的遭遇就非常可怜了。《逸经》第三十三、三十四期不是连载了《红军二万五千里西引记》么，所以这两期的文献价值懂行的人都知道。我存的这两期盖有"国立北平图书馆藏"之章，而且有复本，

钤"国立北平图书馆藏"
章的《逸经》

因为穷呗就交给中国书店拍卖。不久拍卖行跟我说这两期
从拍目撤下来卖给北图吧，作价一千块给我。北图为什么
要买这两本《逸经》呢，有几个因素，一是"巴金藏书流
落地摊"的事主是北图，见到馆藏章就紧张，尽管是"前
馆"藏章；二呢，该馆缺藏这两期，这个因素不大可信。
第三个因素令现在的我很生气，想起来了，当时拍卖行称
馆方怀疑我的《逸经》的来路。馆方拍唬辛神碰了硬钉子，
拍唬我成功了。事情虽然过去了十四五年，与辛德勇对上
了细节和拍卖行的某某，我差点想拉黑某某。

　　说及流落地摊，《逸经》也碰到过一回，当然那是非常时期的事情了。藏书家黄裳于《拟书话——忏馀集》里讲道："大约一九四〇年顷，我曾在一家旧纸铺里见到逸经出版社散出来的一批杂志、文件，其中有达夫《饮食男女在福州》的手稿，龙飞凤舞地用钢笔写在逸经社稿纸上，如获至宝，赶紧买了回来。可惜在离沪后失落了，十分可惜。总想能得到他的手迹，以为纪念。"按郁达夫《饮食男女在福州》稿刊《逸经》第九期（1936年7月5日出版），约五千言，至于稿纸为啥要逸经社提供，不得而知。郁达夫的题目起得巧妙，且将"饮食男女"的意思写得像拉家常。

护封觅得旧巢痕

　　《逸经》搜集本属我应该应分之事，可是要说到简又文的单行本，有两本书我好像越界了且发力过猛（写到这句时，刚刚将这两本书取出来，一瞧居然有惊我之发现）。十年前于孔夫子旧书网以两个两千一百元拍得简又文著《西北东南风》及简又文译《十七岁》，两本书不但是精装而且护封保存完整，使我奋力竞价，大有誓不罢休之概。两本书都是上海良友图书印刷公司出品，都是1935年出版，出版序号一本是"326"，一本是"334"，两书版权页均贴有简又文版权章，单一个"简"字。《西北东南风》皆短小隽永之笔记，略举一则："偶在上海半淞园小山之亭中黑石桌上发现顾维钧博士亲笔所署之鼎鼎大名，不知何时复不明何故，刻在石桌之上，与好些个游园而在此刻石留名者之名共列，谓余不信，有拓本为证：（'顾维钧'拓片图）民国廿三年九月末日遣新进仆人梁阿稳拓此于半淞园　大华烈士趣识"。简又文既为文又为官，所以他不穷，"大概过了两年多，他忽然来找我。这次他不住在东单，住在北京饭店，显然阔起来了"（谢兴尧《回忆〈逸经〉与〈逸文〉》）。简又文于《宦海飘流二十年》内自陈："廿三年春我与杨玉仙女士结婚，她是香港基督教女青年会干事，并在沪西自构'斑园'。以'斑'名园者，先室名'玉仙'，长女名'华玉'，双'玉'之间有'文'在焉也。自作聪明，贻笑大方矣。以后再生儿育女，果得家庭之乐，而集中精神力量从事业馀的文化工作，以偿夙愿。从前寄存北平燕大图书馆及他处中西书籍文物，一概移沪，集中寒园，开始从新努力于笔墨生涯，研究学术。除到'立法院'开会外，每星期有五、六日完全是我自己的时间，畅所欲写欲为，星期日也不休息。"美好的时光总是短促的，简又文1937年6月下旬携全家去香港度假休养，不料经此一别，简又文却再也没有回到斑园（"中间，内子曾冒险乘轮到沪一次，将家中什物及藏书运回九龙"），人生际遇，神仙难卜。话好像扯远了，"惊我之发现"即《十七岁》和《西北东南风》护封上的极小字"斑园丛书之一"、"斑园丛书之二"。所见良友图书，从未见有如此高规格待遇者，简又

"斑园丛书"《十七岁》、《西北东南风》

文与良友公司高层关系非同一般吧。护封的重要性亦在于此，失掉护封便失掉了这个重要信息。前些日子与书友讨论"良友文学丛书"之一的《苦竹杂记》（1936年2月出版）为啥另有周作人亲笔题写书名的"白皮本"，是周作人向良友公司提出的特别要求，还是别的什么原因？如今已知存世白皮本有周作人签赠徐祖正、俞平伯、许寿裳的三册，寒舍存有一册白皮本，此外潘家园书贩"5235"手里有一册（钤周丰一印）。由于周作人1936年日记丢了，所以白皮本《苦竹杂记》的来由成了永远的谜。

简谢分袂有隐情

简又文创办《逸经》有着全盘规划，天时地利人和，三者齐备，水到渠成。顶要紧的一步是从北京拉来了同为"太平迷"的谢兴尧（1906–2006）担纲主编。简又文与谢兴尧的共同爱好是研究太平天国，近乎痴迷，以故人谓之"太平迷"（简又文称"因为情过于狂热及病近幼稚，致惹朋友们的讥笑，开始称我为'太平迷'"）。论痴迷之程度，简又文似乎要胜过谢兴尧许多；论成绩，也是简又文的大部头著作为多。简又文讲过一个好玩的痴痴癫癫故事："当时的'太平迷'，确有点迷头迷脑近于疯狂的病态，以故笑话百出，及今思之，犹堪发噱。如有一次偶闻人说，苏州城外戒幢寺的五百罗汉中有一个手拿着'太平天国'大钱一枚者。我听了，以为此城曾在太平军蹂躏下逾二年，当是一种遗迹。遂连夜乘车去考察。至则见那个罗汉手抱着的大钱面文原来是顺读'天下太平'四字，不过'下'字在底，为手指掩着下截，故甚似'太平天国'而已。失望懊丧之馀，不禁发笑。此行虽无所得，但却可参观有文学意味的寒山寺钟，畅游虎丘名胜，而尤有价值之举，则为参观忠王府遗迹，即拙政园是。自慰之情，似阿Q而胜于阿Q，良以确有所得也。"（《历史的历史》，见简又文《太平军广西首义史》，商务印书馆1946年版）这个笑话毕竟是笑话，充其量白跑了一趟，而下面这个故事可真不是闹着玩的。

简又文接着上面那个笑话讲道："又一次，闻美国友人说，上海南京路一家骨董肆，有太平天国金币出售，即囊巨款前去。至则果见金钱二枚，大小及形式一如平钱，制作颇精，索价每枚百金，方欲解囊，但再细看一次，且以指轻捏其一，不料金钱随手破为两边，登时吓了一跳，掌柜责令照价赔偿。我却振振有辞：如果钱质是真金，何可捏断？制作伪物行骗，该得何罪？嘈吵辩论之下，店东出来，自知理亏，急于息事宁人，不再追究，我才得脱身。出了门，忙以手巾抹抹头上的汗。"这种事幸亏碰到简又文临危不乱，一言退敌，换了老实巴交的谢兴尧，必乖乖照价赔偿（换了谢兴尧，也不会"即囊巨款前去"这么冲动吧）。藏书家姜德明曾与谢兴尧同事，在《谢兴尧》一文里写道："'文革'兴起，他已退休在家，结果也变成牛鬼蛇神，被人拖到单位来。说'拖'，并非夸张，因为他生来瘦弱，又胆小怕事，到了会场早已吓得两腿发软，不能迈步，只好由两名壮汉拖他上台。罪名之一是，30年代他在上海曾经与简又文合办过小品文刊物《逸经》。"

简又文与谢兴尧合办《逸经》，两个人都写有回忆文章，事实清楚，惟谢兴尧第二十一期之后辞别《逸经》的原因，两个人的表面说法很一致，却似另有小的隐情。谢兴尧说："我在上海住了一年多，一切都比较顺利，惟对于环境气候、生活习惯，总觉得不太适应，总是恋恋于根据地北京，至1936年底，编辑《逸经》二十一期后，我即辞去《逸经》主编职务，由陆丹林接替，我仍不断给《逸经》写稿。其时老友萧一山接任河南大学文学院长，要增聘四位教授，这四位教授是范文澜、杨宗瀚（伯屏），还有一位姓余的和我，因此我便离开上海到了开封汴梁城。"(《回忆〈逸经〉与〈逸文〉》)简又文说："廿五年杪，谢兴尧以体弱多病，上海生活复不惯，编辑工作剧繁辞职北返，从廿二期乃由陆丹林继任。"(《宦海飘流二十年》)

与谢兴尧亲密无间且无话不说的柯愈春所写《读书种子谢兴尧》(《掌故》第二集，中华书局2017年版)道出了内情："《逸经》出版后，据说每月可赚三四百元。大约办了一年，谢要求回北京，主要原因是他约徐凌霄写的稿件，简不满意，让人难堪。谢觉得简又文有时盛气凌人，表现出主人对待雇员的神气。谢原来想去徐家汇天主堂和南洋中学读旧报及地方志，搜罗太平天国的资料，因去郊区来往甚不方便，目的无法达到。《逸经》杂志办二十一期后，谢告辞回京，由陆丹林接任主编。"

对于简又文，我的认知全部来自书面文字，于谢兴尧则亲熟得多，甚至有机会见到他。1951年我父亲从上海（中华书局）迁来北京，时逢抗美援朝，父亲写了文章《三百年来的抗倭斗争》寄给《人民日报》，邓拓把稿子交给谢兴尧，由此父亲与谢兴尧有了来往。谢兴尧1950年在隆福寺修绠堂出了本《太平天国史事别录》，送给父亲，于封面题写"君任宗兄正"。父亲曾对我讲他不大看得上"小谢"谢兴尧，觉得"大谢"谢国桢学问高，还说谢兴尧和他来往的另外一个原因，是想让父亲帮忙销售书。谢兴尧送给父亲的这本书如今在我手里，我挑着读过几篇太平军奸细在北京郊区活动的故事，不像打仗像游戏。

二十几年前我们几个淘买旧书兴致旺盛，赵龙江兄带我拜访了梅娘，姜德明家也是龙江带我去的，见到龙江和周黎庵金性尧们的往来信，很是羡慕，也学着给金性尧写了封信，老人家居然给我回了信。我干事缺少长性，这点远不如龙江，龙江和谢兴尧来往和谷林来往和梅娘来往都能做到"亲如一家"，我只去过梅娘家一次，便感觉到梅娘与龙江讲话像唠家常："龙江，你小孩挺好玩了吧。"我则木讷地坐在一旁。以故龙江能够写出《史家谢兴尧先生的日记》和《琐记尧公晚年》这样亲切的好文，而我无论如何写不出来的。龙江亦藏有全份《逸经》，他就能想起去请谢兴尧题几句话。"昨夜龙江夜访谈书，近去谢兴尧家，病榻之上勉强起身，见《逸经》忆六十年前旧事。"这是1996年10月4日夜我写在《堪隐斋随笔》上的一段。现如今能碰到30年代杂志的主编并能说上话，聊出一些期刊掌故，多么难得的机会，我这个杂志癖者却轻易放过。

"番佛廿尊"易"八仙"

谢兴尧辞别《逸经》后继续给旧东家写稿，这就发生了一件有趣的事情。第二十八期《逸经》续刊谢兴尧《瑶斋漫笔》，署"五知"，"瑶"、"尧"同音，不用猜了吧。这期漫笔有三则，前两则是谢的老本行"太平事"，第三则

《新旧八仙考》附有汪子美漫画《新八仙过海图》（旁注"斑园藏"），谢兴尧写道："林语堂氏提倡幽默，创办《论语》，风靡一时。世人以在《论语》上常发表文字之台柱人物，拟为八仙，林氏亦承认不讳。如《宇宙风》第一期，林跋姚颖文云：'本日发稿，如众八仙齐集将渡海，独何仙姑未到，不禁怅然。适邮来，稿翩然至。'吾人虽知有'新八仙'——或'活八仙'——之说，而究不悉诸仙尊姓大名。至去年夏，林氏将赴美，某漫画杂志始有《八仙过海图》，即摩登新八仙也，余友大华烈士因为仙家之一，乃不惜以'番佛廿尊'，易八仙原绘，予得亲睹仙家'神气'。（注：神气，川谚，即样子，模型意。）所拟为：吕洞宾——林语堂、张果老——周作人、蓝采和——俞平伯、铁拐李——

汪子美绘《新八仙过海图》

老舍、曹国舅——大华烈士、汉钟离——丰子恺、韩湘子——郁达夫、何仙姑——姚颖。此新八仙题名录，亦近年来文坛佳话也。"

一晃六十几年时光，文化老人集体怀旧，谢兴尧托龙江找1934年9月《论语》第四十九期"两周年纪念特大号"，那上面有简又文、姚颖、丰子恺、俞平伯、郁达夫、老舍"六仙"高清玉照。龙江知我有藏，便代"老谢"向"小谢"借去一观，不久归还，其实这期特大号我有复本，本该直接送给老谢算了。

1999年冬某天上海文化老人魏绍昌在电话里问上海文化老人周黎庵："有没有见过30年代某杂志上刊载的一幅整版漫画《文坛八仙过海图》？"两位老人手边没有实物，凭记忆连此画的名字也记错了，甚至一度将我带沟里去了。后来我找到了这幅漫画的初发刊《上海漫画》，兴奋地连夜撰文《〈新八仙过海图〉找到了！》。

这还不算完，谢兴尧所云"余友大华烈士因为仙家之一，乃不惜以'番佛廿尊'，易八仙原绘"，是大可考究的。"番佛廿尊"相当于我们的钱多少呢（有人说是二十块银圆），我只知道换算起来很麻烦，反正不是一笔小数目，简又文却付得起。现代漫画名作的原画很少留存下来，而有过真金白银成交价的只知这件《新八仙过海图》。

还不能算完，《上海漫画》和《逸经》所载《新八仙过海图》与简又文珍藏的原绘对比，少了一个要紧的地方。

原绘的左边有"八仙过海图　汪子美作　简又文题"二行字，并钤有两方印章。当然还有一种可能，简又文是多少年之后补题的，所以画题少了"新"字，所以《宦海飘流二十年》（五）重新刊出这幅画时，标题为《"论语"八仙图》（《传记文学》第二十三卷第二期，1973年8月出版）。这些个错乱要怪还得怪汪子美，当初他要是在画面上直接题上"新八仙过海图"而不是写在画外，也许不会生出乱子，但是却很无趣很不漫画。

《逸经》影印藏手脚

我既收藏原版全套《逸经》，却舍不得翻阅，患得患失，见到影印版《逸经》便宜便买来舍得可劲地翻阅。已知《逸经》日本影印过，香港和台湾影印过，内地也影印过，我买得早所以买的是1977年台湾影印本。影印本前言《重印〈逸经〉全部旧刊的几句话》（陈平达）有云："我偶尔提及此事，简先生便张嘴哈哈大笑。"这么说来序者陈平达与简又文是熟悉的，可是很大可能简又文未及看见自己亲手打造的《逸经》被出版者做了手脚，如果看见，哈哈大笑也许就换成了哇哇大哭。

如果我不是很熟悉《逸经》的话，如果我不是经常使用《逸经》的话，影印出版者所动的手脚可能"欺我一世"。首先发现的是《逸经》的重头戏连载于第二十五、

二十六、二十七期"瞿秋白遗著 雪华录寄并序"的《多
馀的话》被全文删掉，页码重新编排，而陆丹林的《逸话》
（相当于《编者的话》）里"瞿秋白昔是共产党里庸中佼佼
的人才"等一百五十馀字则直接开了天窗。第二十八期《逸
话》是简又文写的，这段话统统删掉："《逸经》登载瞿秋
白氏《多馀的话》之后，曾惹起社会人士之极大关注，多
欲深识瞿氏一点，适黄鲁珍先生寄赠《关于瞿秋白》一文，
内述其人罕见的行状，亟为发表，以作瞿文之尾声。"影印
本出版者心细如发，立斩黄鲁珍于刀下。影印出版者删除
《多馀的话》之动机尚不难理解，只不过手法笨拙，活干得
不漂亮。真正可笑的是那些个"删名留文"之手脚。如第
二十五期目录上周作人文《人境庐诗草》，"周作人"三字
开了天窗，到了内文呢，"人境庐诗草"在，"周作人"名
亦告缺。陆丹林《逸话》里这句"本期文学门内先生所作
的《人境庐诗草》"，出版者将"周作人"三字径直挖掉。
此类把戏多多，不胜枚举。

　　据我多有疏漏的翻查，上了影印出版者"黑名单"的
重点人物除了周作人，尚有老舍、俞平伯、许钦文等。游
走于原本和影本之间一通忙乎，似乎觉悟到了什么道理。
简又文重金所购《新八仙过海图》，影印本将"蓝采和 俞
平伯"挖改为"蓝采和 俞 伯"，却百密一疏地让旁边的
"张果老 周作人"溜了过去，呵呵。

踞灶觚（一）

王培军

　　凡物能入画，始有可观，人之可观者，辄书诸史。此古之通义也。自画无所不画，史亦泛滥无底，无所不书，流而为史料，为大账簿。大账簿不足观，观亦无谓，即史料亦观之可厌，以耗力多而所获少也。劳而少功，又安足尚。今之人专取史料，至谓史料即史，甚矣其不知观，亦不知夫史也。夫史料即史，犹云谷即精鑿、米即旨酒也，是糟粕、糠核亦纷乎群宝也。其然岂其然哉。等康瓠于周鼎，侪庸众于豪骏，而名之曰平等观，实则为无可观，亦持论之过也。《庄子》云：道在矢溺。是固然也，而矢溺非即道也。不及于矢溺，曰不可，其矢溺是耽，又乌乎可？是人也、事也、语也，其足可观者，皆当书之汗青，传之久远，为心之悦，犹物之摹为丹青，发彼光怪，为眼之食。惟史之滥也久，人之庸也众，其俱无足观，而又无量之夥，扰扰攘攘，有若尘壒之扬，蠛蠓之聚，塞于天地之

255

间，挥之不去，观之有厌而已，是无可悦者，而又蔽遮瞀乱乎眼若心也。此非书之困乎。无已，作《踞灶觚》。

一、伯玉大人

严璩为又陵长子，儿时有一事，阅之堪捧腹。又陵为天津水师学堂教习时，以事归闽，乃托璩于海藏，督其读书、写字。时璩十二龄，甚黠顽，读书时复偷懒。海藏督少缓，辄左右顾，或偷越数行，捷翻数页，如是之类，呵之亦不改。而海藏为人严，璩盖不能耐。一日，海藏甫入室，璩即取书伪请教之，云："'聿来胥宇'，此'胥'字作何义？"按，此故意犯海藏名讳也。"聿来胥宇"句，见《大雅·绵》。海藏为解说之，乃去。又午前书须读三十遍，既毕，始许背诵。璩窥海藏作书札，他视，便携书乞背。海藏揭之曰："尔方诵二十遍耳。"却之。伯玉被发，佯愕眙良久曰："吾固疑之，误也。"海藏乃又翻书，睹中夹一纸，审璩之所书，大书曰："伯玉仁兄大人正，太夷弟郑孝胥。"璩字伯玉。海藏为忍笑久之。见《郑孝胥日记》光绪十一年七月。璩后通晓英语、法语，工诗，亦尝助林纾译书，是固颖异儿也。

二、自比红楼梦中人

王湘绮年八十馀，终日闷睡，自云"有林黛玉意思"。

256

钱默存效之云:"余今岁五十七,亦自拟颦儿呻吟气绝状,皆笑枋耳。"见《容安馆札记》。赵香宋则自比黛玉之丫环,其《有寄二首》之二云:"浩劫无名十八年,早知命分本天然。白头渭水铜仙泪,商略馀生到紫鹃。"后注引《致李审言书》:"四十年前与友人赏传奇,即《红楼梦》言志。友人曰:'平儿第一。'不佞曰:'乃所愿则紫鹃也。'"

三、章太炎自比焦大

据孙宝瑄《日记》,太炎与丁叔雅、吴彦复等,亦尝以《红楼梦》中人,戏拟当代人物。其名单为:那拉慈禧,贾母;在田光绪帝,宝玉;康有为,林黛玉;梁启超,紫鹃;谭嗣同,晴雯;张之洞,王熙凤;钱恂,平儿;寿富宝廷之子,自缢死,尤三姐;李鸿章,探春;樊增祥、梁鼎芬,袭人;汪康年,刘姥姥;张百熙,史湘云;赵舒翘,赵姨娘;刘坤一,贾政;黄遵宪,贾赦;文廷式,贾瑞;杨崇伊,妙玉;大阿哥溥儁,薛蟠;瞿鸿禨,薛宝钗;蒋国亮,李纨;章太炎,焦大。见《忘山庐日记》光绪廿七年六月十一日。此事颇可喜,聊复著之。慈禧亦熟读《红楼梦》,所自居亦贾母,见《骨董琐记》卷七。太炎所以比焦大者,盖以好骂故也。

四、取太太首级来

袁爽秋劝李莼客勿狎优，莼客大怒，作书痛诋之。爽秋不敢校。又在扬州淮南书局，同舍有一人，好狭邪游，昼为酣寝，爽秋为其不学，乃于其睡时，燃灯蕊粘其额上，渐灼至肤，其人负痛起，欲饱以老拳，爽秋深谢之乃已。惟爽秋本人，亦有同类之事，正在五十百步间也。其官芜湖道，僚友邀之作秦淮之游，爽秋不解妓酬款曲，习为故事，偶值明眸一顾，便以为倾城悦名士，谓之红颜知己。遂以千金脱籍，载归芜湖，扃小室中。虑夫人见逼，以亲兵守户，行部外出时，则以匙钥交门生歙县汪君掌之。夫人向汪索门钥，汪持不可，夫人径往扭锁。汪当门大呼："某在此，非老师不许入！"爽秋后得心疾，喜怒不恒，至呼侍婢予以一剑，命"取太太首级来"。

五、秘密藏

程春海藏一秘籍，曰《东征记》，为天下第一淫书，过于《金瓶梅》。其书为春海晚岁所得，春海耽阅之，至摇精而病，遂不起。冒鹤亭云。又李若农亦多秘藏禁书，每部之上，皆钤"壁中"二字印，即"藏之复壁"意也。人罕知之。叶遐庵云。

六、不悦蓄须男子

梁节庵以大胡子著，号"梁髯"，其正式蓄须之年，为二十七岁。见杨锺羲《雪桥诗话》。钱默存年二十七，亦"欲留颊须"，为杨绛所反对，以为"妆模作样"，后乃作罢。见钱氏《中文笔记》。徐仲可《可言》卷二云："我国妇女向不悦蓄须男子。"是也。节庵之失意于夫人，殆亦以此。而易实甫好色，所以终身不蓄须也。舒铁云《瓶水斋诗集》卷十一有一诗，其题甚妙，曰《孙子潇作诗自称"老夫"，旁有细书改为"诗人"，则其内史道华夫人笔也》。道华夫人即席佩兰。盖女子皆同此心，不喜老夫，蓄须易见老耳。

七、拒作寿诗

易实甫六十，求散原为作寿诗，散原拒之，复一书云："樊山去岁登七十，寿诗且不及作，君之区区六十，又何足道哉。虽然，君固好钱逾于好诗，俟我富可敌国时，补寄一元以代诗，君或当闻而心喜，预购鲜灵芝照片以为报也。"末句尤堪捧腹。鲜灵芝为当日名伶，实甫之最所恋慕者也。实甫任职印铸局时，所昵津妓李三姑，有巨幅倩影，悬于旧京东安市场内摄影室，实甫暇则往摄影室对面之面馆中，坐而痴看之。散原云购鲜照片云云，意中必有此。又冒叔子七十，索钱默存作寿诗，钱亦拒之，而宁送寿仪。与散原事相似。

八、实甫咏夕阳

实甫八九龄时，或试之以诗，命咏夕阳，实甫脱口云："认作胭脂无此色，是他万古落花魂。"闻之者大惊。此见何书，予已忘之。

九、读书多

王湘绮称易实甫为仙童，曾重伯为神童。又云重伯少而多智，为计时日，读书若干，无论如何神速，亦不能到，故曰神童。李叔同称马一浮读书多，云吾人读书，即每日读一本，并记住不忘，读至马之年岁，仍不能追及之。

十、邵祖平撕序

散原为年家子邵祖平诗作序，恭维未餍其欲，祖平大不快，乃于散原面前将序文撕碎掷于地。散原貌益谦下。见冒叔子诗小注。

十一、太炎散原并善忘

章太炎于生活之事，每善忘。在东京时，为《民报》主笔政，时孙文寓东京牛込区筑士八幡町二十一番地，与新小川町二丁目民报社相隔不远，太炎与胡汉民、汪精卫诸人每恒至孙宅叙谈，来往数月，仍不识道路。一日因只身独行返报社，竟误投日人家宅，民报社派人四索，始觅得之。见冯自由《革命逸史》。散原之为人，亦有类此者。据陈诒先记：散原本住南京青溪上四条巷宅，辛亥为避战乱，移居上海，住老靶子路。民元回江西上冢，还，其仆押运行李，为雇一马车，及至老靶子路，散原竟不识其宅，不得门而入。马车徘徊于马路上者久之。马夫啧有烦言，散原无可奈何，乃嘱拉至重庆路之李公馆，从散原学古文之李国松家也。后由李另雇一马车，又派专人护送之，始得归。见《散原翁善忘》（1949年4月5日《申报》）。诒先，苍虬之弟也。

十二、一问九不知

方豪见陈寅恪，以陈通梵文及中亚古文字，而请益之，所问皆中西交通史之凤所积疑者，乃陈"一问九不知"，且一再称"毫无所知"。罗根泽于王国维，尝询《人间词话》

之事，王乃亦"茫然不知"，盖少作浑忘之矣。又钱默存喜读字典，号识字多，乃有一好事少年，专觅英文书中之僻字难之，钱竟无一识出，亦被难倒云。

十三、好利不好名

陈寅恪自称"好利不好名"，又云"生性非得安眠饱食，不能作文；非是既富且乐，不能作诗"。见《与傅斯年书》。杨遇夫亦有一札与罗香林云："闻兄主编《星岛文史》，至喜至喜！承嘱投稿，不审有无稿酬？如酬丰，自可投稿，否则因学原社等索稿者颇多，无力分给也。"见《罗香林论学书札》。读之，不禁为莞尔。

十四、二陈之事

陈寅恪之恋慕柳如是，张中行颇抉发之，见《负暄续话》。其说或本邓文如，《邓之诚文史札记》一九五六年八月十四日："陈垣年七十七，与女门生刘乃和朝夕不离。其房老一怒而走天津矣。陈每出，刘必随之，政府所命也，皆扬扬有得色。陈寅恪年六十八，已瞽，日与病妻相对，则嘱助教为代辑柳如是事，以寄遐思。"八月二十九日："得瑞书，言陈寅恪正在研究柳如是。可笑。"

十五、宋人唐诗选

钱默存讥饶选堂，云"只是杂，不是博"。按《韩诗外传》云："好一则博。"多好则杂也，非博也。钱氏之意，殆谓此欤。选堂亦讥钱选《宋诗选注》，云是一部"宋人唐诗选"；又钱之《谈艺录》，书名大不切，盖其中只谈诗，书画皆未及也。

十六、无米炊

或问于钱默存：李泽厚学何若？钱云：渠所撰述，是巧妇为无米炊。

十七、平子不平叔雅雅

刘叔雅长安徽大学时，一日，有校工来面詈之，叔雅一声不作，其人去，叔雅若无事然。人问何不斥之，叔雅答："一对骂便俗。"晚清宋平子，亦一振奇士也，章太炎比之古宋轻之流。其充水师学堂教习时，薄游金陵，偶赴茶寮，其衣甚敝，又貌寝，为茶佣所轻视，失手碎一杯，茶佣谯让之，平子大怒曰："汝一杯值几何？"乃碎其杯数百，而出金掷案上，拂衣去。平子之不平，与叔雅之雅，固不必优劣也。

十八、老能细书

《宋史·张铸传》云铸老能灯下细书如蝇头，此记细书事入正史者。因忆近人之中，宋伯鲁年七十，犹能于灯下作细楷，每岁除夕，必以瓜子壳书诗句，藉验目力。见《今传是楼诗话》。又余季豫年六十，与张舜徽书札，中云耳目齿牙无异少壮，且亦能灯下于芝麻上作字。见《壮议轩日记》。

十九、妒而害之

叶横山与汪钝翁名本相埒，且相好。康熙诏开博学鸿儒，横山商诸钝翁曰："我二人在所必举，将应举乎？抑不应举乎？"钝翁曰："宜不应，则名更高也。"横山信以为然。后钝翁变计，竟应举而入翰林，名乃益显。横山恨之，怒为钝翁所卖，遂将钝翁之《类稿》，大加指摘，作《汪文摘谬》二卷，刊布之。见《鸡窗丛话》。道光间，有山阳鲍小山寿昌者，与同邑丁颐伯寿昌同学最相得，文名亦相埒。颐伯，丁俭卿晏之长子也。同应选拔试，颐伯得隽，小山乃大恨，与之绝交。僧忠亲王督师时，小山在其幕，诬讦丁氏通匪，将甘心焉。时俭卿方在家作寿，闻讯，杜门谢客，听候拿办。一时中外搢绅，皆惊骇援救，祁春圃寯藻、倭艮峰仁尤出力，始得无恙。亦云险矣。见《蜷庐随笔》。鲍后官至贵州按察使，家富，喜收藏，著有《燕南赵北诗钞》。

二十、湖湘之狂

　　杨皙子廿三岁，作《日记》云："偶阅八家文，真乃儿戏，余幼时甚能此，以学时文则妙耳，欧、苏之徒，造意如此，遂至于今。归、方辈出，毕生致力，亦为名家，真乃可怪。余尝与王湘绮先生论诗，乃怪国朝袁瓯北、赵瓯北之流，亦以诗名一世，天下师之。袁、赵之为如此诗不足怪，独怪当时士大夫竟无一能为此者，乃皆效之。王先生大笑。"郭嵩焘子焯莹，人号为"郭十公子"者，亦目空千古，睥睨一世，其评韩、柳、归、方之文，率打四十分以下，能得六十分及格者，独一谭嗣同详见予《郭十公子轶事》。皙子与之似也。

掌
故

编后语

　　十多年前友人游美，曾去拜访张充和女士，归来分享见闻，足以令人神移。随着众多出版物与报刊文章记述的面世，张充和的真实形象日趋生动，但去过她家的人毕竟是少数。她的居所是什么样，日常生活又如何，相信一定会有读者好奇。张充和最得意的弟子之一白谦慎写出《充和老师的家》，点点滴滴，深情自见。如今张充和辞世六周年之期临近，以此文开篇，也是表达敬慕追怀之意。

　　作为掌故爱好者共享的空间，《掌故》也自我期待能够如同张家客厅一般往来皆鸿儒，谈笑风生，触目琳琅。在第七集中，陈晓维曾钩稽出"高级古董商"白坚的一次东洋之行；在本集里，赵纯元又写出他所接触到的已易名为白隆平的晚年白坚，正可见同一人物的多维度。在日记里吐槽过白坚的收藏家周肇祥，史睿则以"西服辫子集一身"描绘一生形象，将其定位为"20世纪初新旧转变之际的典型人物之一"。同属"新旧转变之际"典型人物的,本集还有"拖长辫而持复辟论"的辜鸿铭、改朝换代始终不倒的章士钊,以及左右历史走向的袁世凯。艾俊川揭出辜鸿铭鲜为人知的启蒙教育实践,胡文辉将章士钊"老虎总长"绰号的内涵与运用挖掘殆尽,孟繁之关注周馥在袁世凯从朝鲜崛起政坛过程中的作用,无不展示出"新旧转变"的特点,也为历史磨洗出更丰富的层次。

近现代学人掌故,向为本刊所重。谭苦盦考察孟森、郑孝胥交往的起起伏伏,细密精到;王培军以文言撰笔记二十则,意在"为心之悦"、"为眼之食";华人德回忆季羡林、宗白华、魏建功、裘锡圭,李文澜回忆唐长孺、谷川道雄、沈建华回忆钱锺书、饶宗颐,均是亲历,笔下风采宛然。其馀如荣正一遗札中谈与姚雪垠的接触,严佐之以家族记忆结合文献重建近代琴人、曾祖开霁和尚的生平,宋希於追索瞿秋白《多馀的话》的传抄发表者及其政治背景,谢其章凭借《逸经》杂志抚今追昔等等,也都可圈可点。

"充和老师逝世后,那座房子也易了主人。我和妻子曾在开车去纽约时,在新港小停,在马路边默默地望着老师的故居。我们不敢惊动房子的主人,他们大概也不会知道,这里曾经住着一位学贯中西的学者和一位'体现着中国文化中那最美好精致的部分'(傅汉思先生语)的女性。"这大概是本集文章最温柔的结尾。《掌故》在带给读者几分感慨、几分雅趣的同时，也盼着多一分这样的温柔。掩卷之际，仿佛经历了一场远离尘嚣的旅程。

严晓星　辛丑端午